考える術

人と違うことが次々ひらめく
すごい思考ワザ71

藤原麻里菜

ダイヤモンド社

はじめに――誰も考えたことのないことを考える

この『考える術《じゅつ》』は、わたしがコンテンツをつくっていくうえで蓄積してきた「アイディアの発想法」をまとめた書籍である。

わたしは、無駄なものをつくる「無駄づくり」というコンテンツを2013年から始め、現在までに「インスタ映え台無しマシーン」や「ツイッターで『バーベキュー』とつぶやかれるたびに藁人形《わらにんぎょう》に五寸釘が打ち付けられるマシーン」をはじめとする無駄な発明品を200以上つくってきた。

これを書いているいま現在も、月に5から10の「無駄づくり」をし続けており、インターネットを通じて視聴者に届けている。すごいのかすごくないのかまったくわからないが、いや、おそらく後者であるのだが、無駄なものを考えるプロだと、自分のことをそう思っている。

「無駄なもの」といっても、毎週1、2個以上のアイディアを考え、それを実現し続けるのはけっこう大変なことだ。誰に頼まれたわけでもないのに週に最低1つは「無駄づくり」をしようと決めているので、アイディアが思いつかない恐怖や、焦燥感みたいなものは人一倍感じてきた。

そういった経験の中で、速くアイディアを思いつく方法、そしてユニークな考え方をする方法がたまってきた。本書に収録した、そんなさまざまな方法をなぞっていくと、想像力が高まって思考を柔軟にすることができ、それによっていままでとは違う自由な発想でものを考えていくことができるはずだ。

仕事で企画を考えるときや、学校の課題、または、誰からも頼まれていないけれど何かやりたいなあとぼんやり考えるときもあるだろう。自分の視点を持ち、ありがちなアイディアから脱却したい——。本書は、そういった悩みが解決する一冊になっている。

また、執筆するにあたって、いくつかのアイディアワークショップを行った。

その中で、参加者の方々がそれぞれの視点でおもしろいアイディアを生み出していく過程を見て、一つずつ立ち止まって考えてもらうことで、想像力や発想力を大きく発揮できることを感じた。

なので、本書でも項目ごとに「考えてみる」と冠したアイディアワークのようなものを入れている。ものを考えるための「きっかけ」をたくさん詰め込んだので、漠然とでも考えたいテーマがあったら、ぱらぱらとめくって、考えごとをするとっかかりとして使ってくれたらうれしい。

無駄なものをつくることに対する発想法がベースにあるので、中にはまったく役に立たなそうに思える項目もあるだろう。ただわたしは、本来、考えるという行為に合理的な道筋などないと考えている。

いろんなアプローチやきっかけがあればあるほど、そこから分岐して多様なアイディアにたどりつくことができる。実際には使わないアイディアでも、現実離れしていてもいい。まずは、肩の力を抜いて、頭の中で精いっぱいふざけながら、思考の広がりを感じてほしい。

この本の使い方

① アイディアに詰まったとき、
適当に開いて、出てきたワザを
使ってみてください。

② なんとなく考えごとをするときにも、
「発想のきっかけ」に使えます。

③ 暇なときにパッと開いて、
「考えてみる」のワークで
思考訓練をすることもできます。

④ とはいえ、まずは初めから順番に
読んでもらえるとわかりやすいです。

考える術　目次

Chapter 1

「言葉」から考える

——光速で新しいものを生み出す術

Chapter

2

「半径1メートル」から考える

――モヤモヤを有効活用する術

Chapter

3

ひねくれて考える

―視点をさくさく切り替える術

Chapter

4

「みんなが知っていること」から考える

――一人だけ違うことをする術

Chapter 5

「自分のこと」から考える
――心の叫びをかたちにする術

Chapter

6

「情報」から考える

——全然考えたことのないことを思いつく術

Chapter 7

「感情」から考える
――自分らしさを全開にする術

Chapter 8

「考え方」を考える
——思考モードに入る術

Chapter

1

「言葉」から考える

光速で新しいものを生み出す術

01

「言葉」から考える

アイディアを考えるとき、大切なものはなんだろう。知識とか視点とか、大切なものはたくさんありそうだけれど、その中でも「想像力」はないよりもあったほうがいい。といっても、大人になってから想像力をフル活用するシーンってあまりない気もする。

でも、「きっかけ」さえあれば、案外誰でもさまざまな想像が湧いてくるものだ。

そのきっかけをつくってくれるのが「言葉」である。

言葉は、ぼんやりとしたイメージを鮮明にしてくれる。

新しいアイディアを考えるとき、いきなりイメージを思い浮かべようとするのではなく、「言葉から考える」ことを意識すると、格段に考えやすくなる。

言葉から考えるプロセスは次の通りだ。

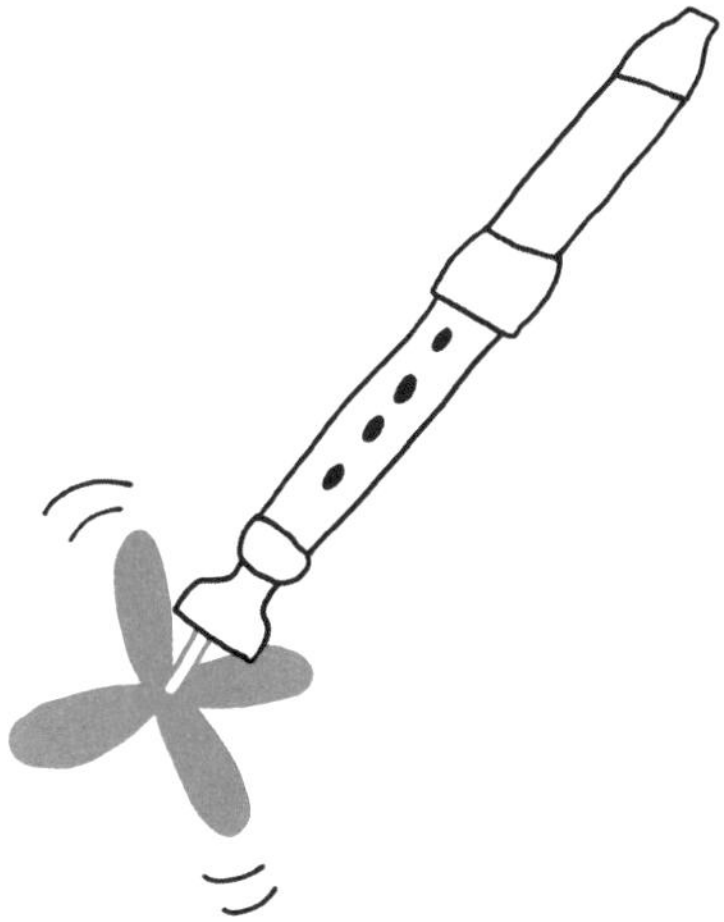

1：言葉をつくる
2：イメージする
3：思い浮かんだイメージに「意味・役割」を加える

まずは何かしら「言葉」をつくり、それに対して想像をふくらませる。

たとえば「プロペラリコーダー」と、わたしがここに書くと、きっと頭の中で上の絵のようなものが思い浮かんだはずだ。

これはまったく無意味なものに見えるかもしれないが、これに対して意味・役割を加えるとどうだろう？

「リコーダーを吹くたびにプロペラが回って楽しさを感じられる」「風が吹いて涼しくなる」とか。

無意味な言葉に無理やりにでも意味を与えてあげることで、いままで想像もしなかった新しいものが頭の中で形になってくるのがわかる。

言葉から考えることによって、「リコーダーを吹くとプロペラが回って涼しさを感じられる『プロペラリコーダー』」という新しいアイディアがここに誕生した。

言葉から発想する癖をつけることで、想像力がどんどん成長していき、ふつうだと思いつかないようなアイディアが生まれる。そしてこれは、無作為に言葉をつくる発想法なので、アイディアを考えるスピードが速くなり、量を増やすことができる。その分、ピタッとくるアイディアに出合う確率も高くなる。

「無駄づくり」でも、言葉をベースにアイディアを考えることが多い。

たとえば、「謝罪メールパンチングマシーン」という発明品。パソコンに接続されたパンチングマシーンを叩くと「ビジネス上での謝罪メール」が自動的にタイピングされるマシーンなのだが、これは、「ビジネスで使えるパンチングマシーン」という言葉をつくり、そのあとで「いったい、どういうパンチングマシーンなのか?」と考えることでアイディア化し、制作した。

謝罪メールパンチングマシーン

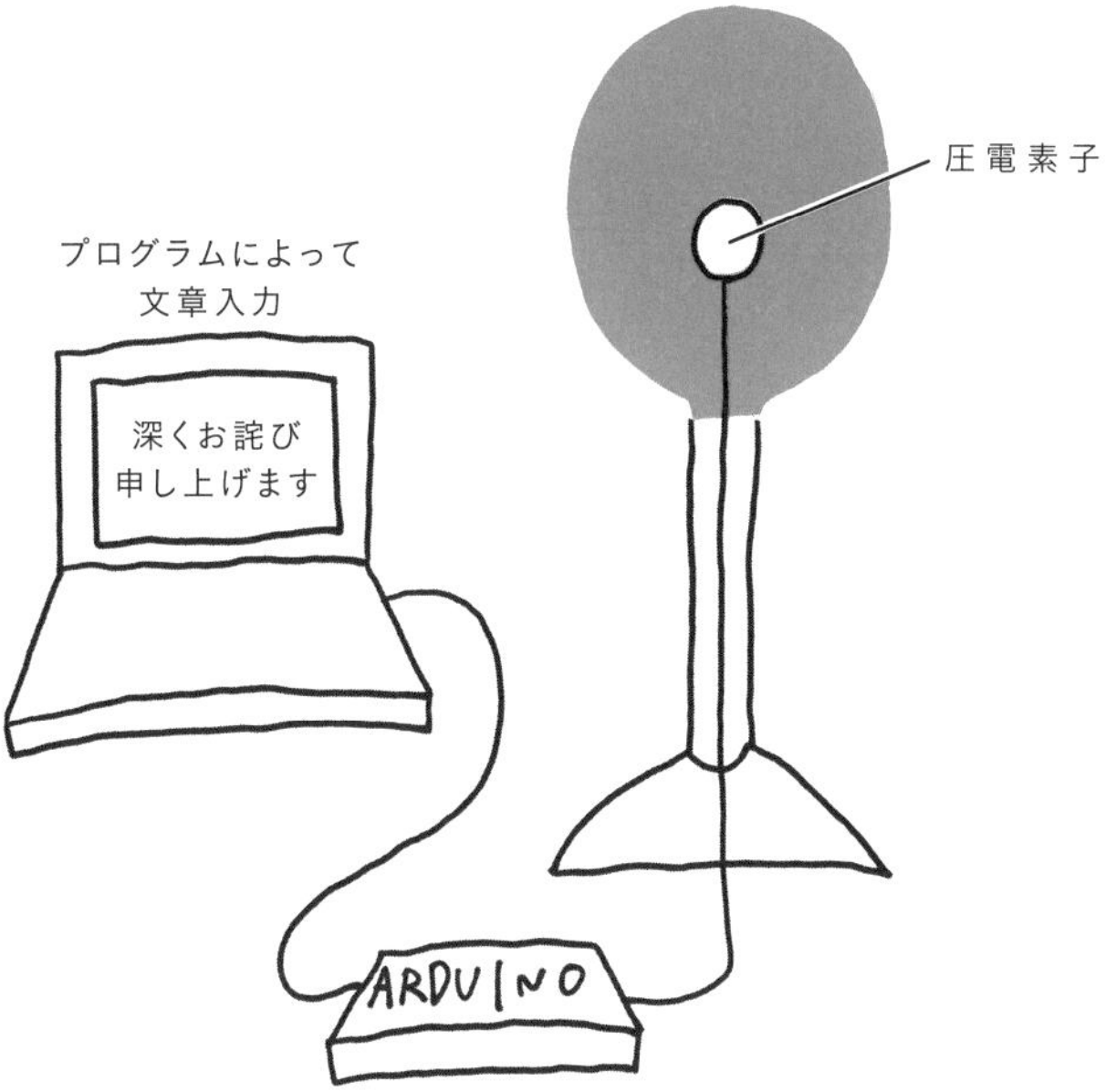

パンチングマシーンを殴ると、一瞬で
「大変お世話になっております。
このたびは締め切りに間に合わず、
ご迷惑をかけていることを深くお詫び申し上げます。」
と、あらかじめ入れておいた謝罪メールを書ける。

言葉をとっかかりにして想像力をふくらますことに慣れると、アイディアの柔軟性がぐんと高まり、いままでにないものを考えやすくなる。

アイディアは言葉から始まる。では、その言葉をつくるにはどうすればいいのか？　名詞を組み合わせたり、「大きい」「小さい」などの形容詞、修飾語を付けて言葉の性質を変化させたりすることで、誰でも、何でも、無限に生み出すことができる。

では、言葉の出し方とそれをアイディアに発展させていく方法について、次の項からくわしく考えていこう。

考える術

02

単語を「合体」させる

アイディアを考えるのが苦手な人の多くは、「ゼロから思いつかなくてはならない」という呪縛にかかっているかもしれない。まずは、その呪いから自分を解き放ってほしい。

目の前のものを組み合わせるだけで、新しいものは生まれる。肩の力を抜いて、アイディアを考えていこう。

わたしは、何もないところから真新しいものを生み出すことは不可能だと考えている。

「新しいジュースをつくってください」と言われたら、まず何をするだろう？　アマゾンの奥地にまだ誰も知らない果物を探しにいくのもいいけれど、近所のスーパーでいろんな飲み物を買ってきて、それを混ぜてみるほうが簡単に新しいものをつくれる。

組み合わせを試行錯誤することで、短時間で多くの発見をすることができる。
身の回りのものを見てみると、何かと何かが組み合わさってできているものを簡単に見つけられるはずだ。ゼロから考えようとせずに、まずは言葉を使いながら、もののものを組み合わせて考える練習をしていこう。

考えてみる

次の言葉の中から「2つ以上の言葉」を組み合わせて、聞きなじみのない言葉をつくってみよう。

椅子／ペン／コーヒー／本／料理／防水／薬／ふでばこ／萌えキャラ／登山
ロボット／拳銃／靴／ビール／カバン／楽器／猫／スポーツ／映画／祭り／中二病

組み合わせるときは、あまり深く考えずに、即興で考えてほしい。「椅子カバン」でもいいし、「萌えキャラスポーツ祭り」とかでもいい。聞きなじみのない言葉をとにかくたくさんつくっていくことが大切だ。
「聞きなじみがないけれど、ふんわりとしたイメージが頭の中に浮かぶ言葉」がつくれたら、次のステップに進むことができる。

たとえば、「椅子カバン」は、椅子とカバンが合体したものが少し想像できるし、「萌えキャラスポーツ祭り」は、萌えキャラたちが集合してサッカーをしているシーンが浮かんでくる。「猫楽器」は、猫のかたちをしたギターだとか、猫の声が鳴る楽器が想像できる。

とくに企画などかたちのないアイディアを考えるときなどは、言葉に頼ると簡単に考えていくことができる。たとえば、わたしが何か新しいイベントの企画に追われているとしたら、右の言葉のリストから、どんなアイディアがつくれるだろうか。

リストを眺めて改めて考えてみると、「映画」「祭り」というとても普通な言葉が見えた。その下にある「中二病」を足してみるとどうだろう。「中二病映画祭り」。中二病の映画ばかりを集めた独自性のあるイベントになりそうだ。「ビール登山」もおもしろそうだ。

このようにランダムに言葉を組み合わせることで「タイトル」をつくる。

そこから「それはどんなものか？」と想像をふくらましていくことで、シュールなイメージが、かたちのあるアイディアに変化していく。

03

「使い道」を考える

次に、つくった言葉に役割を与えてあげよう。「それはどんなものなのか？」「どういうときに使えるものなのか？」「それがあると、誰がどんな感情を抱くか？」といった疑問を自分に投げかけて、さらに想像をふくらませる。

ここでは考える練習として、さっきつくった言葉に即興で役割を与えてみよう。より具体的に考えていくことで、想像力を磨くことができる。

しかし考えていると、「そうはいっても、どうやってつくるの？」「そもそも、これっておもしろい？」「似たようなやつ、すでにありそうじゃない？」など、現実的な問題が思い浮かぶかもしれない。

でもこの段階では、想像力をふくらませることが大切なので、現実的なことはいったん忘れて、「粗く、雑に、即興的」に想像することを意識して、どんな役割が思い浮かぶかを挙げていってほしい。

考えてみる

さっきつくった言葉は具体的にどんなものになるか、役割や意味を想像してみよう。

即興でつくった意味のない言葉に、即興で役割や意味を与えていくとどうなるだろう。この工程が、思考を飛躍させる手がかりになる。

たとえばわたしの場合、こんなものが思い浮かんだ。

- **料理ふでばこ**：キッチンの道具がコンパクトにまとめられるふでばこ。一人暮らし用の小さなキッチンでも道具をきれいに収納することができる。
- **拳銃楽器**：拳銃を楽器としてリメイクする。暴力反対や世界平和を訴えられる。
- **ビール映画祭り**：おいしいビールが飲める映画イベント。砂漠など暑い場所を舞台にした映画を30度以上の部屋で見ながらビールを飲む。

実用性のある役割でももちろんいいし、「いらないなー」と思うような無駄な役割でも大丈夫。想像を思う存分、ふくらましてほしい。

04

「どんな?」を考える

「言葉をつくってそれに役割を与えてあげる」というのが、この章で考えていく発想の手段だ。名詞と名詞を組み合わせて言葉をつくってきたが、次は、名詞に修飾語を加えて新しいイメージをつくる方法を考えていこう。

名詞に対して、「どんな?」という疑問を投げかけると、そのもののイメージがより具体的になる。

「スタイリッシュなスマホケース」だとよくあるものになりそうだけれど、「あぶなっかしいスマホケース」だと新しいスマホケースをつくることができそうだ。他にも「貧乏なスマホケース」「やわらかいスマホケース」と次々と考えていくことができる。

企画も同じように考えていける。

「楽しい登山」だと普通だけれど、「さわがしい登山」にすると、常識から逸脱したおもしろい企画が考えられそうだ。他にも「スタイリッシュな登山」「あぶなっかしい登山」、などなど。

修飾語の例

消える／真っ白な／あかるい／あぶなっかしい／おさない／おこりっぽい／さもしい／けがらわしい／さわがしい／かわいい／ぎこちない／おしゃれな／うすぐらい／おもしろい／きたない／パッパラパーな／極細の／スタイリッシュな／実体のない／黄金に輝く／ニュータイプな／貧乏な／全自動の／家庭的な／うっとうしい／防水の／大人向けの／丸い／やわらかい

先にも紹介した「謝罪メールパンチングマシーン」は「ビジネスで使える」「パンチングマシーン」という言葉からつくったものだ。これを考えたときは「パンチングマシーン」に対して「ビジネスで使える」という限定的な修飾語を加えたことで、別の役割を想像しやすくなった。

適当に思い浮かべた修飾語を使ってもいいし、思いつかないときは、右の例を参考にしたり、インターネットで修飾語の一覧をぼーっと眺めるのもヒントになる。

言葉を組み合わせていくだけで、既存のイメージから簡単に離れることができる。

アイディアを考えるときは、どれだけ自由な想像に身をまかせられるかが重要だ。そして、言葉はその手助けをしてくれるのだ。

考えてみる

マスクに違和感のある修飾語を付けて、「新しいマスク」を考えてみよう。

新しいマスク

ごはんが
食べられるマスク

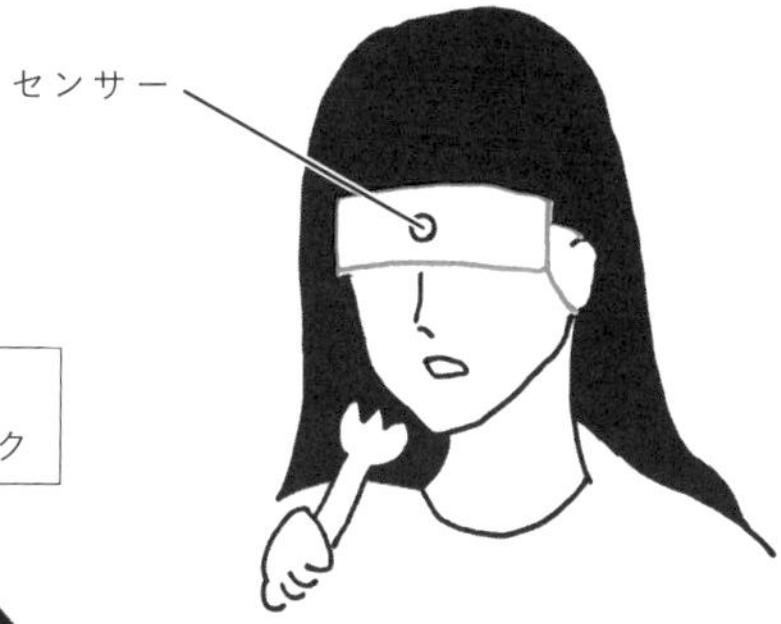

食べ物を近づけると、
センサーが反応して
マスクが上がる。

顔認証
アンロックマスク

スマホの顔認証を
したいとき、ボタン操作で
マスクが開く。

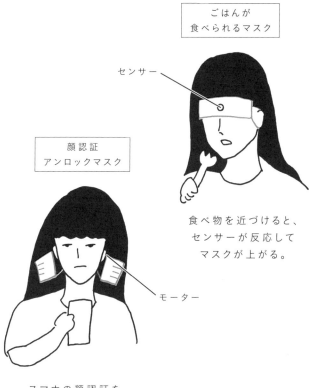

05

「逆」を考える

「逆転の発想」、そんな言葉をよく目にするが、いろいろなものを逆にするとまったく違う視点から見ることができる。わたしがやっている「無駄づくり」も、「発明やものづくりは有益なものを生み出す」といった世の常識を逆転させることでたどりついたアイディアだ。

「逆」を考えることで、いままでにないものが思い浮かぶ。

なので、わたしはアイディアに煮詰まったらとにかく「逆」を考えるようにしている。そうすることで、常識を簡単に壊すことができる。

たとえば、「リュックサック」というのは、背中で背負うものだ。しかし、それを逆にして前に抱える専用のリュックを考えた。

「前リュック」だ。

では、前に抱えるリュックのメリットを考えてみよう。

満員電車では、他の乗客の邪魔にならないようにリュックを前に抱えるのがマナーである。しかし、乗車前にその動作をするのはけっこうめんどくさい。わたしが考えた前リュックなら、もともと前に抱えているのでストレスフリーである。

また、店などで会計をするときに、リュックからお財布を取り出すのに少しストレスを感じることがあるが、前リュックならスムーズに取り出すことができる。あとは、スリに遭うリスクも減る。

どうだろう。ちょっとだけ「前リュック」が魅力的に思えてこないだろうか。

わたしのこのあまり役に立たなさそうなアイディアではなく、既存のヒット商品を参考にしてみよう。

閉じる方向を逆にした傘の「GAX Umbrella」という商品がある。雨の水滴がつく面が内側になるように閉じることで、濡れた傘を持って周りの迷惑になることがなくなるのだ。

このように、物理的な逆を考えるだけで、これまで誰も考えたことのなかった問題解決ができることもある。

逆を考えるときは「前と後ろ」といった物理的な逆を考えてもいいし、「辛いと甘い」だとか「熱いと冷たい」「楽しいとつまらない」みたいな、性質やイメージの逆を考えることもできる。ものや概念に、それがもともと持っている性質とは逆の性質を組み合わせると、見たことのないものが生まれる。

ティッシュはやわらかいものだが、「固いティッシュ」はどうだろうか。将棋はなじみのない人から見るとつまらないものだが、「めちゃめちゃ笑える将棋」はどうだろう。

こういった言葉の組み合わせを見つけることで、新しい視点から物事を考えることができ、想像力がかき立てられてアイディアが生まれやすくなるはずだ。

考えてみる

周りを見渡して目についたものの「逆」を考え、そのメリットも考えてみよう。

前リュック

最初から前に掛けているので、
電車で前に抱え直す必要がなく、
買い物のときも財布が出しやすくて便利。

考える術

06

「ダジャレ」から考える

何か考えているテーマがあるなら、関連する名詞やテーマから「ダジャレ」を考えてみると、アイディアの突破口になることがある。

ダジャレを考えるときは、みんながよく知っているものを掛け合わせるのがいい。昔話だとかことわざ、有名人など、多くの人が何らか共通のイメージを持っているものを使うと、ギャップが生まれておもしろみが出る。

ＡＩをテーマに考えるとどうだろう。

- **AIドル**（AI×アイドル）：人工知能を搭載したアイドル
- **吉田AI作**（AI×吉田栄作）：トレンディなセリフしか言わない人工知能

ダジャレというのは、まさに「新しい言葉」をつくることだ。くだらないように思えるかもしれないが、そのものの本来の性質とは関係のない文脈で新しい言葉の組み合わせを考えることができるので、ダジャレはたいへんすばらしい。この作業によって、いままでに考えもしなかったことを思いつくことができるようになるのだ。
もはやダジャレになっていなくても、ダジャレと同じような感じで、名詞を他の名詞に無理やりねじこんでみるのもいい。

- **捨てＡＩ**（ＡＩ×捨て犬）：ダンボールに捨てられて鳴いている人工知能
- **ＡＩ太郎**（ＡＩ×桃太郎）：鬼ヶ島へのルートや退治方法などをすべてグーグルで検索する物語

造語から意味が生まれ、そのイメージをかたちにすることで誰も見たことのないものが生まれてくる。ダジャレは想像を飛躍させてくれるのだ。

考えてみる

「ＡＩ」からダジャレをつくって、新しい人工知能を考えてみよう。

07

「主語」を変える

ものごとの「主語」を変えると、その性質に変化が起き、そこから新しいアイディアを考えることができる。たとえばリュックというのは人間が使うものだが、この主語を人間から別のものに変えるだけで新しいものが生まれる。猫用のリュックとか、ケルベロス用のリュックとか。

この考え方を応用することで、ベタなイベントや企画などからでも、新しいアイディアを考え出すことができる。

リッチな男性が結婚相手を探すオーディション番組や、アイドルデビューをかけて審査されるオーディション番組など、世の中にはさまざまな「オーディション番組」が存在する。これは、オーディション番組は「主役を誰にするか」をスライドさせていくことで、無数に思いつくことができるからだ。

同じように「コンテスト」にも、美しい女性を決める「ミスコン」があれば、美しい男性を決める「ミスターコン」もある。美しい犬や猫を決めるコンテストもある。「美しさで競う」というテーマでも、主語を変えるだけでさまざまにアイディアが広がっていく。

また、**主語のディテールを細かくしていく**ことで、よりニッチなアイディアにすることもできる。

たとえば「美しい人」のコンテストではなく、「美しくご飯を食べる人コンテスト」だったり、「美しい靴下の履き方コンテスト」だったり。

ディテールをさまざまに変えていけば、元のイベントからはかけ離れた真新しいコンテストをつくることができる。そして、それぞれに違った種類のおもしろさを生み出すことができる。

考えてみる

コンテストに自分なりの主語を付けて、新しいコンテストをつくってみよう。

08

「アウトプットの言葉」を組み合わせる

コンテストの主語を変えることで、新しいコンテストが生まれた。どんな主語にしても、最後に「コンテスト」という言葉を付けるだけで、何らかのコンテストになってしまう。

そう、アイディアを言葉から考えていくとき、まとめる言葉がたいへん重要な役割を果たすのだ。たとえば、「マシーン」や「ウェブサイト」「お祭り」といった言葉も、「コンテスト」のようなまとめの役割を担ってくれる。わたしはこれを「アウトプットの言葉」と呼んでいる。

わたしは、あまり深く考えずに目についたものや思いついたものを組み合わせて試行錯誤しながら考えることが多い。といっても、いま目の前にあるのは「炭酸水」と「ティッシュ」だけど、これを組み合わせて何かアイディアを……と考えても、なかなか難しい。

そんなとき、アウトプットの言葉を組み合わせてみると、思考が一気に広がるのだ。

わたしは「無駄づくり」でマシーンをつくっているので、「マシーン」や「デバイス」という言葉を付け加えると、なんでもアイディアのとっかかりになる。たとえば、「炭酸水マシーン」「ティッシュマシーン」という言葉をつくると、とたんにイメージしやすくなる。

「アウトプットの言葉」の例

本……「大全」「全集」「ハンドブック」
IT系……「アプリ」「AR」「VR」「ウェブサービス」
ブログ……「○選」「まとめ」
イベント……「フェア」「祭り」「バザール」

企画会議などでポンポンとアイディアを出す人は、こういったアウトプットの言葉をたくさん持っていることが多い。ぼんやりしたアイディアでも、こうした言葉を付けるだけで、かたちがイメージできてアイディアらしくなるのだ。

アウトプットの言葉を増やすには、日ごろからの言葉への意識が大切だ。ふだんから街や店、本やテレビ、ネットなどで商品やサービスの名前を気にしていると、知らず知らずのうちにストックがたまっていく。

電車の広告、ニュースのタイトル、キャッチコピーなど、末尾や冒頭にどんな言葉が付いているだろう。気になったものはメモしてストックしていくといい。

考えてみる

いままでつくった言葉に、いろいろな「アウトプットの言葉」を加えてみよう。

○

○

○

本章では、アイディアを考える際の基本である「言葉をつくってイメージをふくらませる」方法を中心に書いてきた。ものとものを合体させたり、大きくしたり、逆にしたりすると、さまざまなアイディアが浮かんでくる。

次の章からは「問題の発見と、その解決」について考えていきたい。

2章では、まずは「問題の発見」の部分について紹介する。

生活の中で多くの「問題」に気づけるようになれば、新しいアイディアを思いつきやすくなる。アイディアのきっかけとなる問題の見つけ方、そして、そこからどうアイディアを考えていくのかについて見ていこう。

Chapter

2

「半径1メートル」から考える

モヤモヤを
有効活用する術

09

「小さな問題」を意識する

世の中の商品やサービスの多くは、いまある問題を解決しようという発想から生まれている。

まずは、身の回りにある製品がどういった問題を解決しているものか想像してみよう。

たとえば「電子書籍リーダー」はどうだろう?

本はかさばる。文庫本はまだしもハードカバーの本や分厚い参考書を毎日持ち運ぶのはけっこう大変だし、本が場所をとって部屋を圧迫することにストレスを感じている人も多い。電子書籍リーダーがあれば、この問題をすべて解決できる。

温かさを保ったまま持ち運べる水筒や、においが軽減された電子たばこなど、ふだん使っているものが何を解決しているかを考えると、日常にはこんなにいろんな問題があるのかと気づく。

「無駄づくり」も同じで、問題と解決をベースに考えていくことが多い。「無駄なものをつくっているのに解決しちゃっていいのか？」と思われるかもしれないが、「問題」の部分をニッチにしたり、「解決」の部分をひねくれて考えることで、変なアイディアを考え出すことができている。

たとえば、「オンライン飲み会脱出ボタン」という発明品は、コロナ禍の中でオンライン飲み会が流行《はや》ったときにつくったものだ。

オンライン飲み会に一度参加してみたら、ふつうの飲み会と違ってお開きになるタイミングがなく、退出しづらくてなんともいえないだるさを感じてしまった。わたしは気が弱いので「抜けます」という一言を言うのに勇気が必要で、「ボタン一つでそれとなく退出できるマシーンがあったらいいのに……」と思い、制作した。

「問題」というと、社会的な問題など大きなことを考えてしまう人もいるかもしれない。

でも、そんなに構える必要はない。アイディアを考えるときにまず必要なことは、自分の半径1メートル以内に起こっている出来事を認識することだ。「オンライン飲み会、なかなか抜けられない」のように日常の中で感じる「ごく小さなストレス」を

オンライン飲み会脱出ボタン

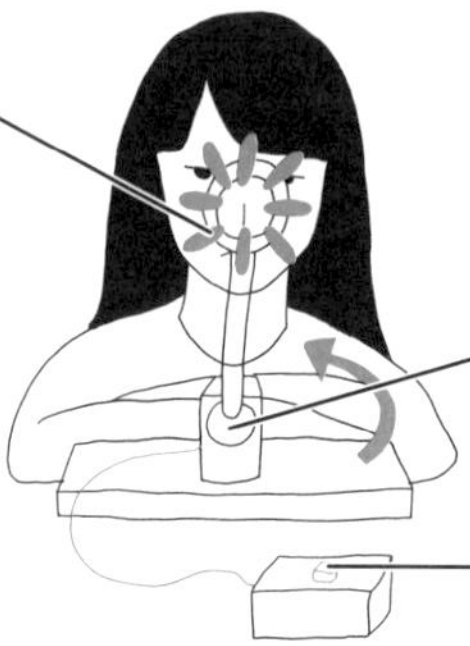

ボタンを押すと、画面がフリーズしたように見える
ローディングサークルを出せる。

意識することがとっかかりになる。

毎日の中で、小さなストレスを感じることは誰にでもあるはずだ。

この小さなストレスをどれだけ意識できるかが、アイディアの量に関係してくる。

こうしたストレスは日常の中に多く潜んでいるのだが、ほとんどがちょっとした違和感のようにしか感じられなかったりして気づきにくい。

この章では、アイディアにつながるそんな微妙なストレスの気づき方とストレスを感じやすいシチュエーション、そしてそれらをどうやってアイディアにするのか、ということを考えていこう。

考える術

10

「ストレス」から考える

日常生活の中にはどういったストレスがあるかを思い出してみよう。

といっても、それだけでは漠然としていて考えにくい。そこで、何でもいいので、まずはシチュエーションを考えてみよう。シチュエーションや何にまつわるストレスかを限定すると考えやすくなる。

「通勤」のストレス

・満員電車でハンドバッグの角が脇に当たる
・改札を通るときにICカードの残高が足りるか不安になる
・電車の座席に丸まったティッシュが置いてあると座りたくなくなる

「ポテトチップス」のストレス
・食べると手がベトベトする
・袋に残ったかけらがもったいない
・なぜか深夜に食べたくなる

この例のような感じで、日常でのストレスを言葉にしていってみよう。

たとえば「朝」に感じるストレスはなんだろうか？

会社員であれば、例に挙げた「通勤」に限定して考えてみてもいい。

子育てをしている人であれば、「お弁当づくり」だったり「身支度」など、人それぞれのストレスがあるはずだ。


アイディアは、一般的な生活を送っていればいるほど、考えやすい。一般的というのは、自分と同じような環境で生活をしている人が多数いるということだ。

社会の多数と自分の共通項が多いほど、多くの人に刺さるアイディアがつくりやすい。そういった自分の強みを意識することが大切だ。

会社員なら会社員の、フリーランスならフリーランスの人たちに刺さるアイディアが考えやすい。会社で仕事をしている、テレワークをしているといった環境面での共通項があるのも、アイディアにとって都合がいい。

または、ポテトチップスを食べるといった行動も多くの人がする。そんな、多くの人との共通項からストレスを書き出していくことをポイントに考えてみよう。

考えてみる

「朝」に感じるストレスを挙げてみよう。
それに「アウトプットの言葉」を付けて、アイディア化してみよう。

たとえばわたしは「朝」というテーマから、通勤のストレスを考えた。

先ほどの例にも挙げたように、改札を通る際にＩＣカードの残高が足りるか不安になることが多い。足りなかった場合、改札に締め出されるだけでも怖さを感じるのに、後ろから感じる会社員たちの威圧感はとんでもない。通勤は、一刻を争っている。「ごめんなさい」と優雅に謝る時間はない。

そこで、ボタン一つで後ろに並んでいる人たちに謝ってくれるマシーンがあったら便利ではないだろうか。

Suicaの残高不足を謝るマシーン

残高不足で改札に引っかかってしまったとき、
ボタンを押すと、背中に貼ったディスプレイに
謝罪の言葉を映し出せる。

11

「失敗」から考える

日常生活で些細《ささい》なストレスを感じるシーンは多いが、その中でも、「失敗」というものは最も意識しやすいストレスであり、考えるきっかけを与えてくれるものだ。

生活の中で、失敗は誰にでもある。カップ焼きそばをつくろうとして、湯切りのときに勢いあまって麺をシンクにぶちまけたことはきっと誰にでもあるだろうし、借りていた本を返すために友だちと会う約束をしたのに、肝心の本を持ってくるのを忘れたといったことも、誰にでもあるのではないか。こうした失敗から、アイディアを考えていきたい。

失敗からアイディアを生む考え方は2通りある。一つは、「どうしたら失敗しなかったのか」を考えること、もう一つは、「いかに失敗をフォローするか」を考えることだ。

まず、失敗の回避方法を考えてみよう。

たとえば、おたまを洗っているときに、水がびしゃーっと跳ね返って服がビショビショになってしまう失敗がよくある。もうちょっと数学的に考えたら、びしゃーっとならないおたまをつくれるのではないだろうか、これはおたま会社の怠慢ではないのだろうか、とビショビショになりながらいつも考えている。

他にも、ズボンのチャックが全開のまま街をしばらく歩いていたり、そのまま人前に立ってしまったという失敗は誰しも身に覚えがあるのではないかと思う。これはどうやったら回避できるか、考えてみよう。

考えてみる

最近した失敗を思い出してみよう。

それを回避する方法を考えてみよう。


わたしは「ズボンのチャックが開きっぱなしで人前に立っている」という失敗の回避策について考えていきたい。これはIoTの技術を使えば解決できるかもしれない。

ズボンのチャックにセンサーをつけて、一定時間チャックが下がっていると、自分のスマホに「チャック開いていますよ」とLINE通知を送る仕組みをつくるのだ。

ズボンのチャックが開いていると LINEが来るマシーン

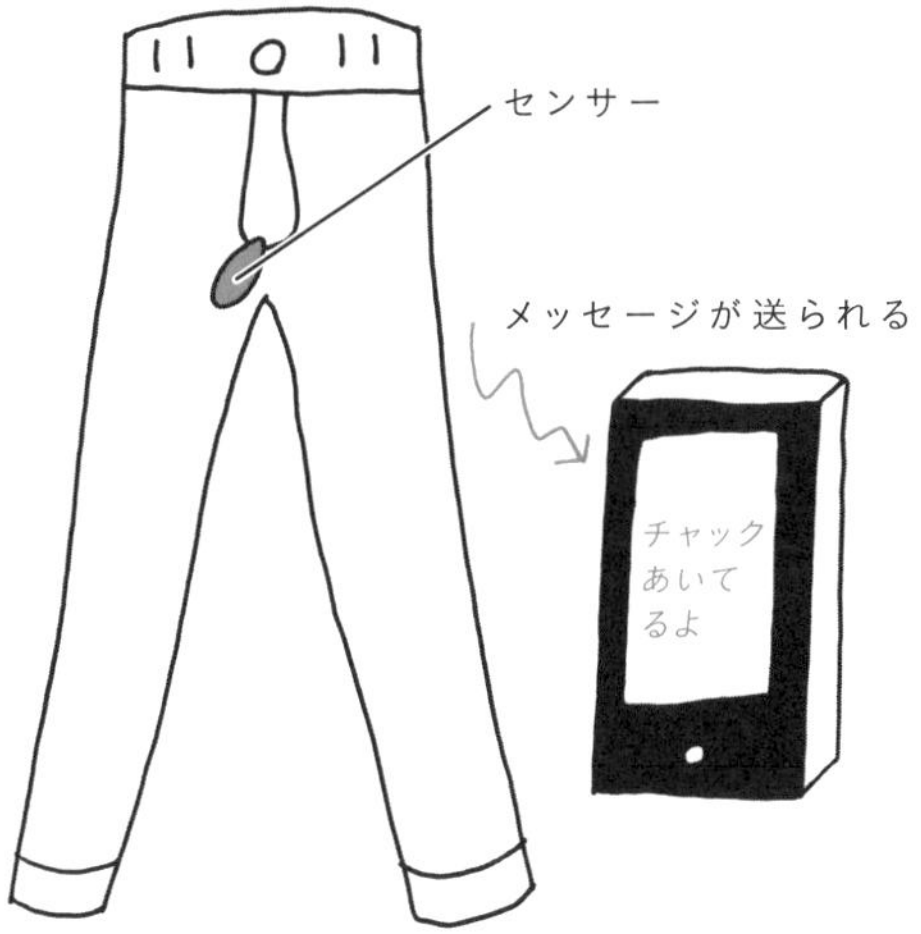

一定時間チャックが開いていると、
センサーが反応して、スマホに通知が来る。

12

「失敗」を開き直る

失敗を回避する方法を考えるのではなく、失敗しても大丈夫な方法を考えるのもアイディアにつながる。

「ズボンのチャックが開いたまま人前に出る」という失敗で考えると、たとえば、人前でズボンのチャックが開いていてもカモフラージュできる模様のアンダーウェアをつくる、とかだ。

ジーンズ柄のパンツだったら、ズボンのチャックが開いていてもとくに気にならないかもしれないし、いっそのこと映画「シャイニング」のジャック・ニコルソンをプリントして、チャックが開いていることであの有名なシーンを再現するのもいいかもしれない。「チャックが開いていることが正解なのかな？」と人に思わせることができそうだ。

アイディアの基本は問題を解決することだが、必ずしも毎回、問題を根本的に解決しなくてもいい。3章の「ひねくれて考える」でも書くが、「開き直る」という解決方法もあるのだ。

いったん常識から離れて、開き直って視点を変えることで、他の人には思いつかないアイディアにたどりつくことができる。

- 失敗を防ぐのではなく、失敗したあとにメリットをもたらすものを考える。
- 「失敗は起こるもの」ということを前提として、どうフォローするかを考える。

この2つの視点からアイディアを考えてみよう。

考えてみる

前項で挙げた失敗に対して、
開き直ってアイディアを考えてみよう。

前項の「おたまを洗っているときに水が跳ね返る」という失敗は、反対に、水が跳ね返ることをむしろよしとする視点から見たらどうだろうか。水が跳ね返ることで、何かメリットをもたらすものがあったらうれしい。

たとえば、シンクのふちにかけられるプランターをつくって、「おたまから跳ね返った水でパセリを育てる」などはどうだろう。こうすれば、水が跳ね返ることで「野菜が育つ」というメリットが生まれる。

このようにして、一つの問題に対し、いくつもの視点から考えるといままでにないアイディアにたどりつきやすい。

お玉びしゃーの水で育てられるプランター

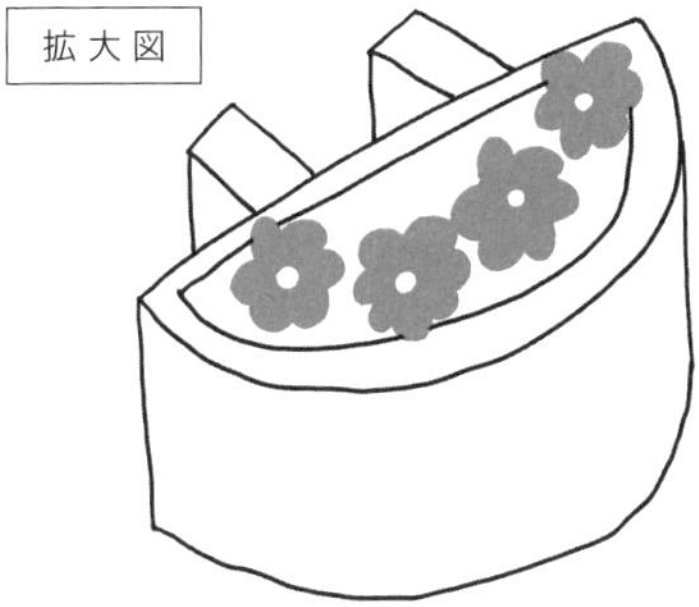

プランターをシンクの手前にひっかけて、
おたまから跳ねた水で水やりができる。

13

「ルール」から考える

生活の中でストレスをいちばん感じやすいのは、「ルールに縛られている」と感じるときだ。

ルールや規律というものは、人が生活するうえで必ずどこかに存在している。

法律や条例といった世の中の秩序を守るルールもあれば、もっと狭い範囲で考えると、会社や学校の規則、社会の暗黙の了解や、家族や友だちとの間のルールもある。

もちろん、ゲームやスポーツにもルールがある。とにかくなんにでも規則があり、社会はそれによって成り立っている。

そして、規律や秩序を守るために、我慢したり欲望に打ち克たなくてはいけないことがある。本当は二度寝をしたいけれど、会社に遅刻したらいけないので無理やり体を起こすとき。本当は髪をピンク色にしたいけれど、仕事や学校の都合で我慢しているとき。サッカーは手を使ったら楽に勝てるけれど、足を使わないといけない。

生活の中でルールに抗《あらが》いたくなる瞬間はいくつもあり、その瞬間に人はストレスを感じる。ルールに対するそんな違和感や反抗心をもとにアイディアを考えてみよう。

考えてみる

学校の校則で抗いたくなるもの、または、実際に破っていたものはあるだろうか？
会社の規則で厳しいと思うものはなんだろう？

遅刻をするときや休みをもらうときは、会社に勤怠連絡を入れなければいけないルールがあるが、それはけっこう面倒なことだ。

たとえば、「もう今日は二度寝したいから会社をサボろう！」と思ったときに、わざわざ体を起こして一生懸命仮病の理由を考えてメールをするのはつらいものがある。また単純に、体調が悪い中でメールの文面を一生懸命考えるとき、しんどさを感じる。

また、日本では印鑑が重要視されていて、それに対してのルールにストレスを感じる人も多いかもしれない。契約にシャチハタを持っていったら「シャチハタはダメです」と言われたり、単純に印鑑を忘れてしまったり。

ルールからアイディアを考える前段階として、自分はどんなルールの中で生きているのか、それらにはどんな意味があったりなかったりするのかを考えてみよう。

14

「ルール」を守る

では、このような「ルール」から生み出された商品やサービスを見てみよう。

たとえば、ゴミの分別が簡単にできる「捨て口が分かれている家庭用ゴミ箱」、タバコのポイ捨てを防ぐ「携帯灰皿」、ハンコの押し忘れを防げる「自動的にハンコを印字してくれる経理ソフト」といったものがある。

ルールからアイディアを考えるとき、2つの視点がある。

・自分が守れないルールを守れるようにアイディアを考える。
・ルールを守っていない人に守らせるアイディアを考える。

人にルールを守らせるアイディアよりも、「ルールを守れない自分」の視点から考えたアイディアのほうが、心理をイメージしやすく、他の人にも寄り添ったものになりそうだ。

ルールを守っていない人への怒りからアイディアを考えると、「シャチハタを持ってきた人を狙撃《そげき》するマシーン」とか「ゴミの分別ができていない人を突き止めるサービス」など、暴力的に考えてしまったりする。

それはそれでおもしろいが、なるべく愛のあるアイディアになるように、自分自身の経験をもとにしたり、「守れない」人への想像力を発揮しながら考えることを心がけよう。

では、前項で出た問題について、「どうすればストレスなくルールを守れるか」を考えてみよう。

考えてみる

勤怠連絡をするのがめんどくさいとき、どんなものがあったら便利だろう？

印鑑文化へのストレスは、どのようにしたら解消できるだろう？


勤怠連絡問題については、「ボタンを押すだけで、あらかじめ決めておいた内容がメールできたら楽なのに」と考え、そこから「二度寝マシーン」という発明をした。レバーを押すと、「体調が悪いため、本日はお休みさせていただきます」というメールを上司に送信できるというもので、これを使うと、ベッドにいながら会社を休むことができてスムーズに二度寝ができる。わたしは二度寝のためにつくったが、本当に体がしんどいときにも使えるので、意外と有益なアイディアかもしれない。

また、印鑑文化に対しては、「かっこよく印鑑を押せるマシーン」をつくった。印鑑を押す作業を楽しくしたらストレスが減るのではないかと考え、ピストルに印鑑をセットし、離れたところにある契約書に向けて発射できるようにした。

ゴルゴ13のようなかっこよさを感じながら印鑑を押すことができる。ただ、命中する確率は自分の射撃技術による。

二度寝マシーン

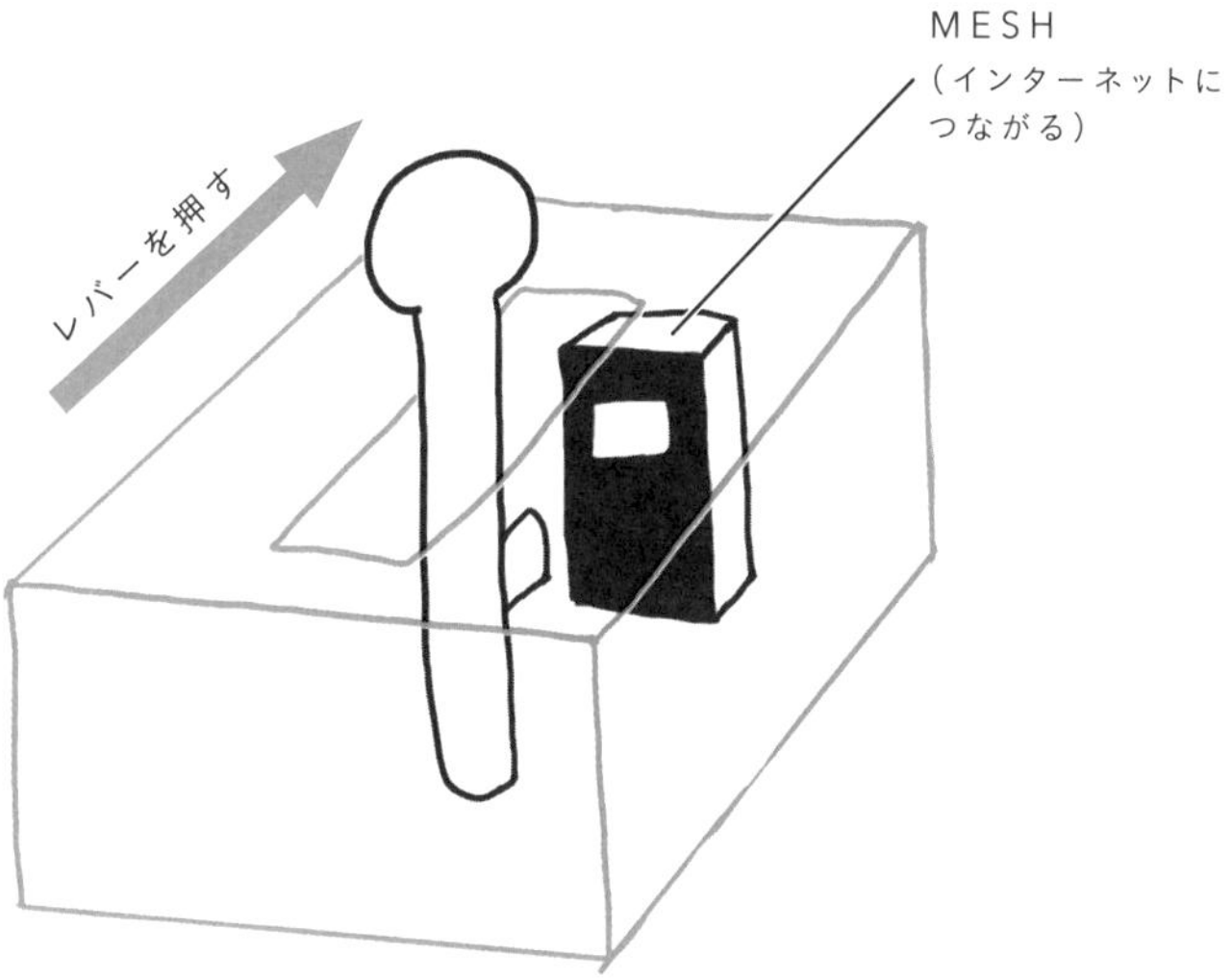

レバーを押すだけで、
会社を休む際の定型メールを上司に送れる。

15

「マナー」を守る

日々の中で、マナーを注意されることはないだろうか。

わたしは、先輩に挨拶をしたときに帽子を取らなかったことをねちねち怒られたことがある。説教されているときは神妙な顔をつくっていたが、やはり内心は納得がいかない。「帽子を取らなかったくらいでそんなに怒るものなのか」となんだかモヤモヤした覚えがある。

マナーというのはルールと違って、守らなくても誰も傷つくことはないものの、怒られたり評価が下がったりはしてしまう不思議なものだ。

飲み会では、偉い人のお酒を見張っていないといけないし、座る場所も気をつけないといけない。かしこまった食事の席ではテーブルマナーを当然のように知っていなくてはならない。

ルールと同様、マナーからも違和感やストレスを感じやすい。そこからアイディアを考えるには、ルールのときと同様、「自分がマナーに対してストレスを感じる」のか、「マナー違反をしている人にストレスを感じる」のかを分けて考えると、きっかけをつかみやすい。

また、マナーには「理解できるマナー」と、「理解できないのに慣習だからと強制されているマナー」がある。さらに「守りたいマナー」と「守りたくないマナー」もある。

こうして整理したり分類したりすることで、自分のストレスを深掘りし、どんな解決につなげられるかを考えていこう。

マナーを守ったり守らせたりするという発想から生まれた商品としては、色落ちしにくい「ティント」という口紅（口紅の跡がコップのふちなどに付かない）や、子どもの矯正器具である「正しい持ち方になるお箸《はし》」などがある。

考えてみる

マナーが「なってない」と怒られたことを思い出してみよう。
めんどくさいなあと思いながらイヤイヤ守っているマナーを考えてみよう。
それらをストレスなく守れる方法を考えてみよう。

ワンタッチで帽子が脱げるマシーン

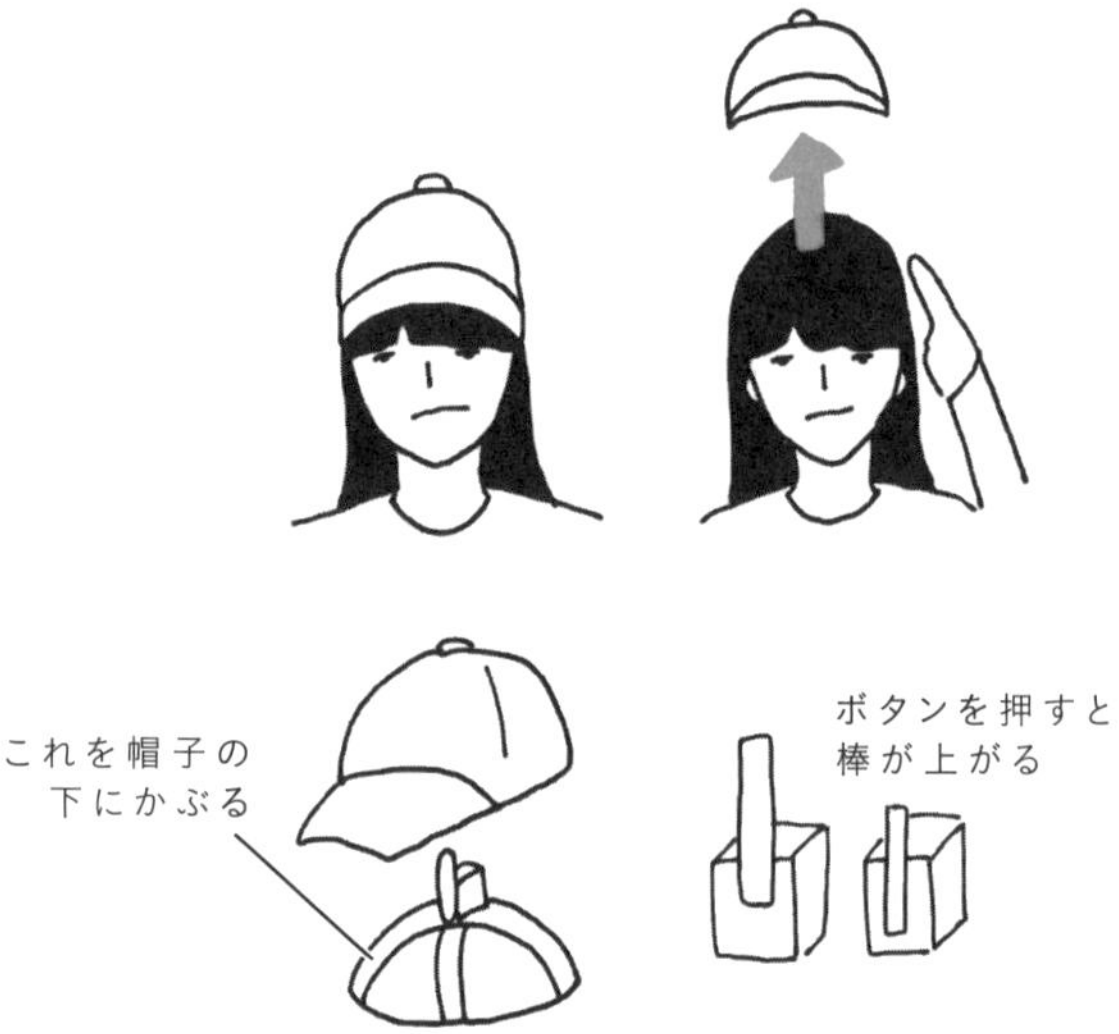

帽子を脱ぐように言われたら、
ワンタッチで帽子をふっとばせる。

16

「マナー」を破る

マナーというのは慣習になっていて、わたしたちの生活に根付きすぎているところがある。当たり前になってしまっていて、違和感に気づきにくい。また、気づいたとしても慣習に反することはタブー視されることも多いので、なんとなくスルーしてしまったりする。

在宅勤務だったり、オンラインミーティングもいまは当たり前になっているけれど、「会社員は通勤しなければならない」「会議は実際に会ってするもの」という慣習に染まっているあいだはそこに違和感を感じることはできない。

でも、当たり前になっているマナーや慣習を破ってみると、これまでは見えていなかったことが見えてくる。

たとえば「名刺交換」はマナーとして当たり前になっていることだが、別になくてもいいのではないかとも思える。さまざまなものがデジタル化されている時代なのに、いまだに紙を交換することに、けっこう違和感を覚える。

わたしはもらった名刺をスキャンしてデータ化し、ネット上に保存しているのだが、当たり前にやっているこの作業がとても非効率に思えるのだ。

そこで、マナーを守るのではなく、むしろ根本から覆す視点からアイディアを考えてみよう。

落ちにくい口紅の「ティント」は、マナーを守るためのアイディアだったが、この逆を考えるとどうだろう。たとえば、「口紅の跡を付けることで、絵柄が完成するコップ」というアイディアが考えられそうだ。

「箸の矯正器具」の逆を考えると、「誰も正しい持ち方で持てない、変なかたちのお箸」など、視点を変えることで、ユニークなアイディアが生まれてくる。

ふだん無意識に受け入れている慣習は、アイディアのきっかけを与えてくれる。慣習に疑問を持ち、覆す方法を考えてみたり、それが無理だったら、台無しにしたりばかにしたりすることで、思考がさまざまに広がっていくのだ。

考えてみる

モヤモヤするマナーを根本から覆すアイディアを考えてみよう。

名刺交換という慣習を台無しにする方向で考えると、たとえば、名刺入れにシュレッダーを内蔵し、名刺を交換するなり即座にシュレッダーにかけられるマシーンはどうだろうか。こんな慣習は無意味だというメッセージを一目瞭然で相手に伝えられる。

名刺シュレッダー

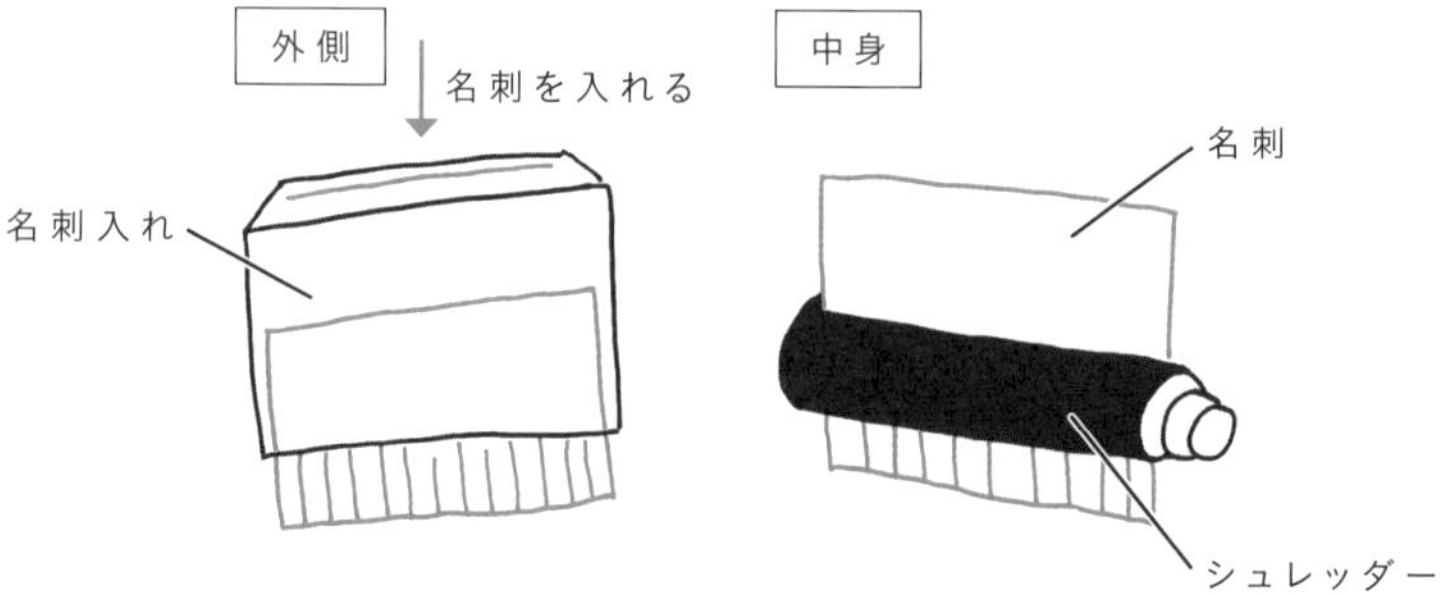

名刺入れにシュレッダーを内蔵しておくことで、
名刺をもらった瞬間にシュレッダーにかけられる。

17

「やっちゃダメなこと」をする

やりたいけれど、いろいろなことを考えると躊躇してしまうことがある。たとえば、家の中のものをめちゃめちゃに壊すとか、夜道を熱唱しながら歩くとか、怒りのままに人をビンタするとか、飲み会で無礼を働くとか。

やりたいけれど、できない。こうしたルールやマナーに反することをあえてやってみるという視点からもアイディアを考えることができる。

ゲームの「ストリートファイターII」で、一台の車をひたすら蹴ったり殴ったりして壊すボーナスステージがあるのだが、それを実際にできたらどれだけすっきりするだろう、と、イライラしているときに思うことがある。

この部屋にあるものはすべてめちゃくちゃに壊してもいい――そんな部屋があったら、溜まったストレスがすべて発散できて楽しいはずだ。と思って調べてみたら、この「ものを壊していい部屋」というサービスは、実際にビジネスとしてすでにかたちになっていた（「リーストルーム」という名で、世界中で展開されているらしい）。

社会性とか理性とかを逆手に取った考え方は、商品やサービスにつながるようだ。抑圧された感情を解放させることは気持ちがよくて、人に「やりたい」と思わせる力がある。「ものを壊していい部屋」は、その感情を解放させようというシンプルなアイディアだ。

このようにストレートに考えるのは簡単で、なおかつおもしろいアイディアが浮かびやすい。生活の中で「抑圧されているな」と感じる部分に焦点をあてて、それを解放させる方法を考えてみよう。

考えてみる

解放感を感じるシチュエーションを考えてみよう。また、どうすれば他人に迷惑をかけずにその経験ができるか考えてみよう。デバイス、イベントやサービスなどアウトプットの方法をいろいろ考えよう。

トイレは人に見られないように狭い個室になっているが、もっと広大な場所にトイレがあったらきっとさわやかで気持ちのいい体験ができるかもしれない。これは、ヴァーチャル・リアリティの技術を使えば簡単に実現することができそうだ。

VR草原トイレ

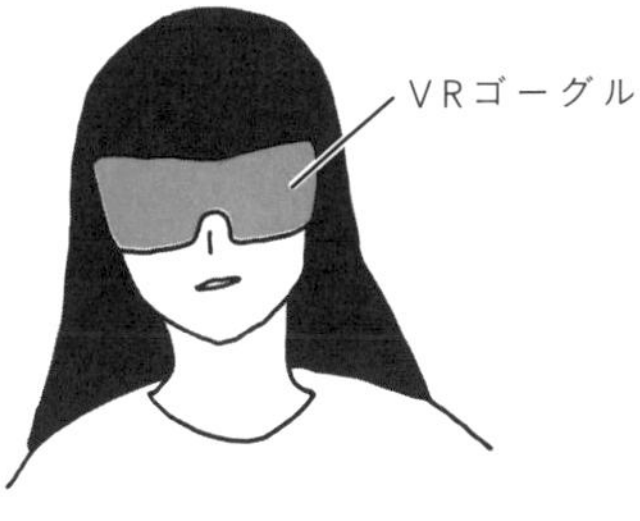

VRゴーグルに広大な草原を映し出すことで、
解放感を覚えながらトイレを楽しめる。

ふだんの生活の中にはたくさんのモヤモヤが隠れている。

出先などさまざまな場所で、気づくか気づかないかというくらいの微妙なストレスを気にしてみると、いままで見えていなかったものが見えてくる。

そんなちょっとした違和感をすくって言葉にすることで、アイディアのきっかけをつかむことができるのだ。

○

○

○

Chapter

3

ひねくれて考える

視点を
さくさく切り替える術

考える術

18

「視点のパターン」を考える

第2章では、生活の中にある問題を「見つける」ことに重点を置いてアイディアを考えてきた。

この章では、「問題をどう解決するか」という方向からアイディアを考えていきたい。

その際、アイディアに広がりを持たせるために、「物事をどういう視点から見るか」「その視点にどれだけバリエーションを出せるか」がとても重要になってくる。

たとえば、「決まった時間に目を覚ましたい」という問題に対して、どのような解決策があるだろうか。

真っ先に思い浮かぶのが「目覚まし時計」だろうが、普通の目覚まし時計では起きられない人もたくさんいる。

実際に売られている目覚まし時計を見てみると、爆音の目覚まし時計もあれば、アイドルやキャラクターがしゃべってくれる目覚まし時計や、太陽光を再現した光で起こしてくれる目覚ましもある。

つまり、「決まった時間に目を覚ましたい」というシンプルな問題でも、いくつもの解決方法があるのだ。目覚まし以外にも、「人に起こしてもらう」「電話してもらう」など、解決方法はいくらでもある。

さらにそこから、「そもそも決まった時間になんて起きなくてもいいのでは」と視点を切り替えると、どのようなアイディアが浮かぶだろうか。


この章では、ふつうに思い浮かぶような視点から考える方法も紹介しながら、このような、ひねくれて考える視点も紹介していく。

ひねくれた考え方なんて役に立たないと思われるかもしれない。けれども、柔軟に発想して、アイディアに幅を出していくためには、こうしたひねくれた視点はとても重要である。

発想のレッスンとして、あらゆる枠を取り払ってアイディアを考えていってほしい。

19

「いまある知識」で解決する

どんな問題も、知識の引き出しが多ければ多いほどスムーズに解決できる……ということは、わたしがいまさら言わなくても、多くの人がすでに感じていることだ。いろいろなことを知っていると、その分、物事をさまざまな角度から見ることができる。

前項で触れた「光で起こしてくれる目覚まし時計」は、起床時間に太陽光を浴びると体内時計が整うという知識から開発されたものだ。また、冷蔵庫に入れる備長炭やネコよけのライトなども知識がそのままアイディアになったわかりやすい例だ。

知識が豊富だとアイディアが生まれやすい。そうはいっても、いまからたくさん勉強するのは現実的に難しい。偉そうにこの本を書いているわたしは、キウイと里芋の区別が目視でつかないほど一般常識にとぼしい。

そこでわたしが推薦したいのは、自分なりの知識で問題を解決してしまうという方法だ。

わたしはテクノロジーの知識はけっこうあるつもりなので、問題に対してテクノロジーを使って解決するアイディアを考えることができる。

料理が好きな人は料理で解決できたり、競馬が好きな人は競馬の知識と絡めたら解決できるかもしれない。人に負けない「自分が強いジャンルの知識」から考えることを癖にしてみてほしい。

知識といっても、勉強して習得した専門的なことばかりではない。最近なんとなく知ったこと、役に立たなそうな雑学、迷信。考えるときに、そういった知識も活用すると、柔軟な発想に一役買ってくれる。

考えてみる

最近知ったことや自分の好きな分野の知識と「目覚まし時計」を掛け合わせて、新しい目覚まし時計を考えてみよう。

朝、牛乳を飲むと、その日の夜はよく眠れる。というのを最近知って試しているのだが、これがすごく効果がある。じゃあ、牛乳を入れられる目覚まし時計があったらどうだろう。夜もしっかり眠れるし、その分朝もちゃんと起きれて、牛乳を飲むのも忘れない。すべてがうまくいく気がする。

ひねくれ

牛乳が出る目覚まし時計

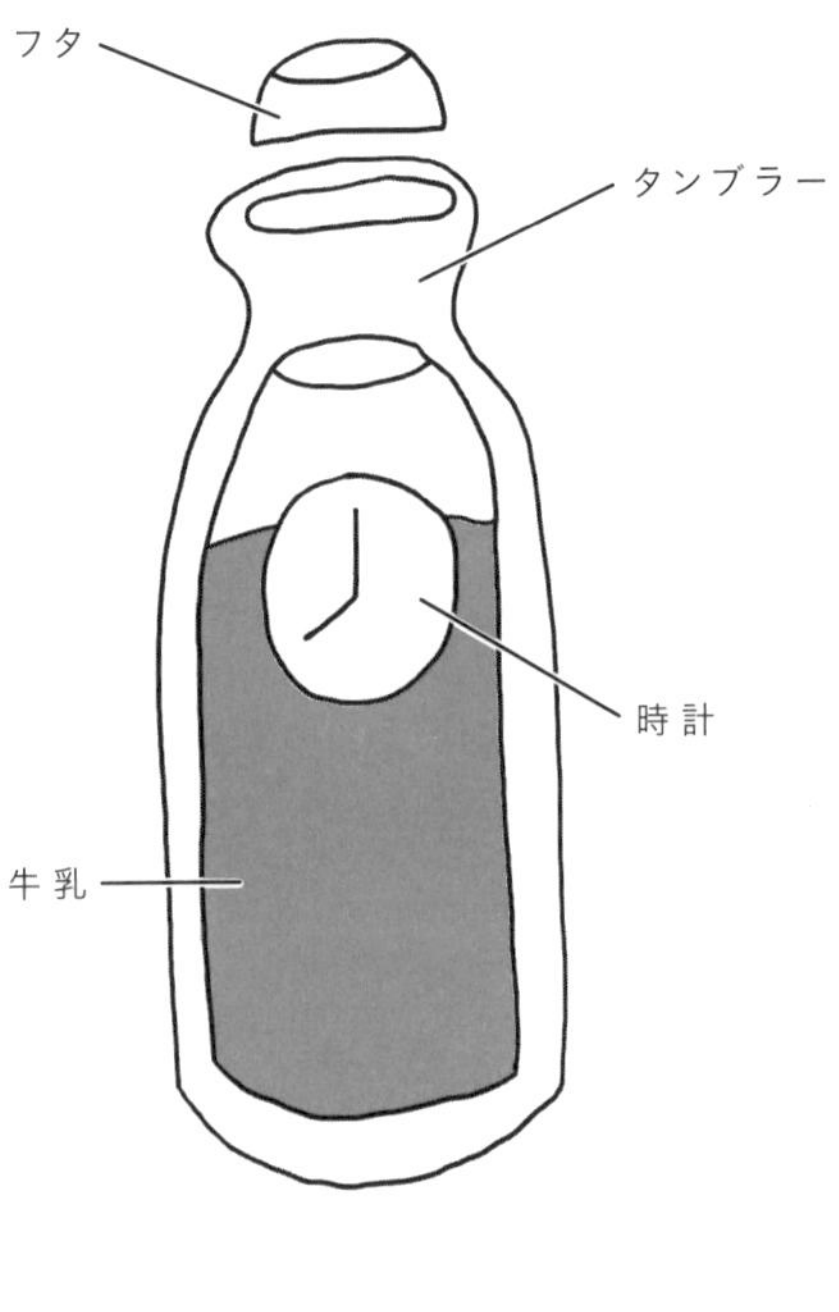

朝起きたらすぐに牛乳を飲むことができる、
タンブラー一体型目覚まし時計。

20

「ふざけた知識」で解決する

知識を使ってまともに考えたところでとうてい解決できないような問題を前にしたとき、そこで思考を止めてしまうのはもったいない。

そんなときは、いっそのことふざけた知識を使って考えてみることを提案したい。

大きな問題に対して、非現実的なアイディアでもいいから解決方法を探っていくと、思考はどう移り変わっていくだろうか？　思考に広がりを持たせる練習をしていこう。

わたしが抱えている大きな問題としては、「世の中が自分の思い通りにならない」ということがある。自分の思い通りになる世界をつくるためにはどうすればいいのだろうか……。「そんなの無理だよ」と思わずに、なんでもいいので、いろいろな知識の引き出しを開けて、この悩みを解決へと導いてほしい。

たとえば迷信にはいくつもの「願いが叶う」方法がある。七夕の短冊に願い事を書いたり、おまじないもあれば、ミサンガを切れるまでつけておくと願いが叶うという人もいる。
こうしたものを問題解決に使ってみると、どういうアイディアが浮かぶだろうか？

考えてみる

「世の中が自分の思い通りにならない」という悩みを解決に導く方法を考えよう。

わたしが考えたのは、「願い事を高速で3回しゃべるキーホルダー」だ。

流れ星に願い事を3回唱えると願いが叶う、という迷信がある。これを使えば、「世の中が自分の思い通りにならない」という悩みは解決へと導かれそうだと考えた。

でもよく考えてみると、流れ星を見つけたとしても、とっさに3回唱えるのはかなり難しい。ちなみに、調べたところ流れ星が見えてから消えるまでの時間は1秒から長くても5秒ほどらしい。

これでは、あせってどうでもいい願い事をしてしまったり、唱え切る前に流れ星が消えてしまったりしそうだ。じゃあ、願い事をあらかじめ録音して、スイッチを押したら1秒以内に3回願い事を再生してくれる機械があったら便利だ。キーホルダー型にすれば、いつどこで流れ星に遭遇しようとも大丈夫だ。

願い事を高速で3回しゃべるキーホルダー

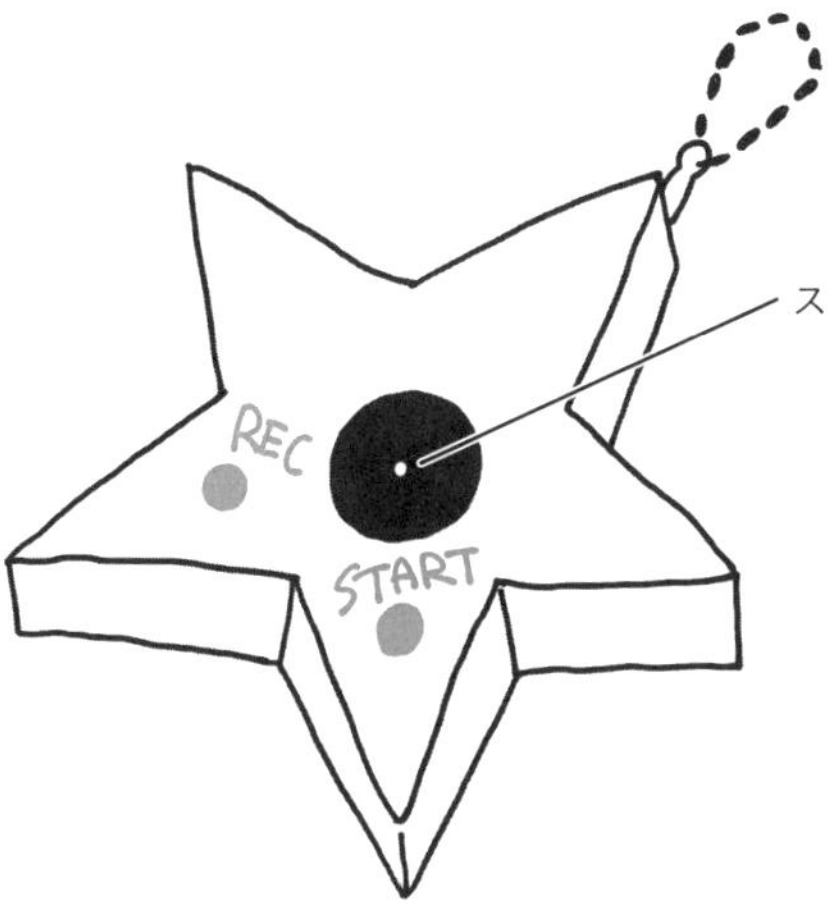

スイッチひとつで、録音しておいた願い事が
高速で再生される。

考える術

21

無理やり解決する

先ほど少し触れたが、爆音の目覚まし時計がある。わたしは使ったことがないのだが、嫌でも起きられるらしい。音を大きくして目を覚まさせるというのは、無理やりの解決方法だ。

そう、ほとんどの問題は無理やり解決することができる。ちょっと暴力的に考えることで、問題を解決する糸口が見つかるのだ。

目を覚ます方法をもっと暴力的な視点から考えると、起床時間になると水がかかるとか、ビンタで起こしてくれるとか、そういったアイディアも考えられる。嫌だけど。

身体的に強制力のある方法だけでなく、精神的な強制力を使う手もある。

目覚ましを止められなかったら「この人は目覚ましで起きられませんでした」と勝手にツイートされるとどうだろうか。すごく恥ずかしい思いをしそうだ。

もっと追いつめる方法を考えるなら、「勤めている会社の社員全員に、目覚ましを止めなかった旨が書かれたメールが一斉送信される」というのはどうか。すごく嫌だからどれだけ眠くても起きるだろう。

考えてみる

起きられなかったら精神的、もしくは身体的なダメージを与えて無理やり起こす目覚まし時計を考えてみよう。

ひねくれ

会社に「起きられませんでした」とメールする目覚まし時計

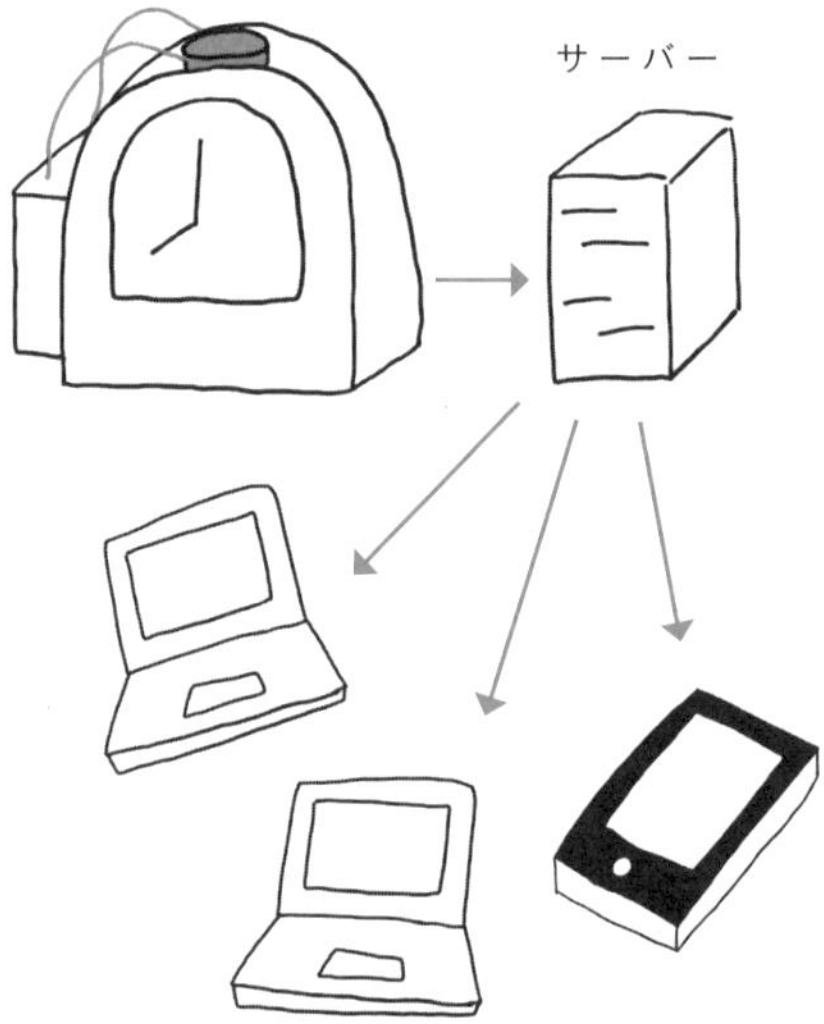

時間内に目覚ましを止められないと、
勤め先の全社員にメールが送信される。

22

「五感」を刺激する

五感を刺激することで解決できる問題もある。人の注意を引きたいとき、音や光を使うことで気づいてもらえるし、体を触ったりすることもそうだ。

目覚まし時計の話ばかりで申し訳ないが、目覚まし時計は、まさに人間の五感に対して刺激を与えて問題を解決している。

オーソドックスなものは音を鳴らすことで「聴覚」に刺激を与えて起こし、光を使うものは「視覚」に刺激を与えている。決まった時間になるとブレスレットから電流が流れてその刺激で起こす目覚ましもあり、それは「触覚」に刺激を与えているものだ。

ここから考えると、設定時刻に苦い液を口に流し込んで「味覚」を刺激する目覚まし時計や、くさい煙が出て「嗅覚」を刺激する目覚まし時計もあってもよさそうだなと思える。

以上は少し不愉快な刺激の例だが、快適な刺激を与える方法も考えられる。

オーソドックスな目覚まし時計は「ピピピピ」という無機質な音が鳴るが、包丁がまな板に当たるトントントントンという音にするとどうだろうか。さみしい一人暮らしでも誰かが朝食をつくってくれているような温かい気持ちで目覚められるかもしれない。

同じように、くさい煙ではなく、ご飯のいい匂いだったらさわやかな気分になることができそうだ。目覚めて現実に戻ったときの虚無感は大きそうだが。

人は日常で、さまざまな五感の刺激を体験する。そうした刺激はいろんな感情を呼び覚ます。いい匂いや好きな感触、懐かしい味や心地よい音など。

自分の考えているテーマに、どんな五感体験を紐付けられるかというアプローチからも、アイディアを広げていくことができる。

考えてみる

五感を刺激する目覚まし時計を考えてみよう。

一人暮らし用目覚まし時計

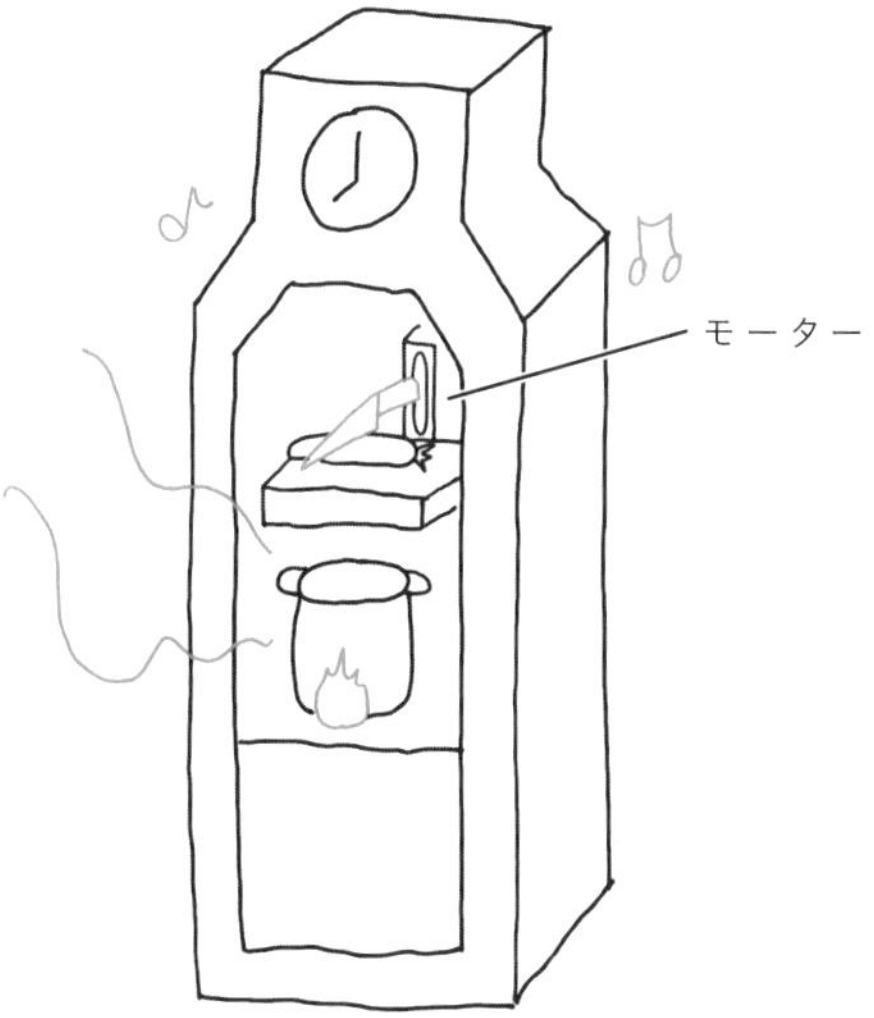

起きる時間になると、
電子音の代わりに野菜を切る包丁の音がして、
味噌汁の香りが漂う。

23

「似ているもの」を組み合わせる

似たもの同士を組み合わせると、別の価値が生まれる。たとえば、ノートパソコンのかたちをしたコンパクトミラー。「ノートパソコン」と「開くタイプの鏡」のかたちが似ているので、これを組み合わせてみたというものである。

ただの鏡だけれど、これだけのことでかわいくなるし、ユーモアが生まれる。これにならって、見た目だけでなく性質、行動などが似たものを組み合わせることもできる。

・「似ている性質」をぶつけてみる

「お化け屋敷」をテーマに、他の怖いものと組み合わせるとどうなるだろう。

わたしは、「理不尽に怒る上司」が怖い。これを組み合わせて、「理不尽に怒る上司がつきまとってくるお化け屋敷」をつくったら、ものすごく怖い。

このように、別のベクトルの「怖さ」を組み合わせることで、真新しいアイディアを考えていくことができる。

「目覚まし時計」をテーマにしたらどう考えられるだろうか。

目覚まし時計の性質を解体していくと、「朝起きるためのもの」「音が鳴る」「うるさい」などがある。他のものにも当てはまりやすい性質をピックアップすると、組み合わせを考えやすい。この中だと、「うるさい」がいちばん考えやすそうだ。

では、他のどんな「うるさい」ものと組み合わせることができるだろう。わたしは「快速列車が過ぎ去る音が鳴る目覚まし時計」が思い浮かんだ。めちゃめちゃうるさくて、すぐに目覚められそうだ。

・「似ている行動」をぶつけてみる

「似ている行動」をぶつけてみるというアプローチもできる。たとえば、「いやな行動」に、それと似ている「楽しい行動」を組み合わせることでもアイディアが見えてくるはずだ。「動作は似ているのに、正反対の感情を抱くもの」を探すと、スムーズに問題解決することができる。

目覚まし時計は、ボタンを押して音を止める。朝が弱い人にとって、眠い中でこの動作をするのはストレスだ。そのストレスが「うるさい」と思う気持ちに勝ってしまうと、音が止まるまでそのまま寝続けてしまって起きれない。

他の「ボタンを押す」行動で、楽しさを感じるものはないだろうか。それと目覚まし時計を組み合わせたらどういったアイディアになるだろう。

考えてみる

目覚まし時計の「ボタンを押す」や「うるさい」といった行動や性質から「組み合わせられるもの」を考え、新しい目覚まし時計を考えよう。

わたしは「ボタンを押す」から、早押しクイズが思い浮かんだ。そこから、目覚ましの音楽を毎日ランダムにして、ボタンを押してその曲名を当てる遊びができる「イントロクイズ目覚まし時計」を考えた。

早押しクイズでボタンを押して解答するのは気持ちよさそうだ。毎朝クイズ番組の解答者の気分を味わいながら目覚めることができる。

イントロクイズ目覚まし時計

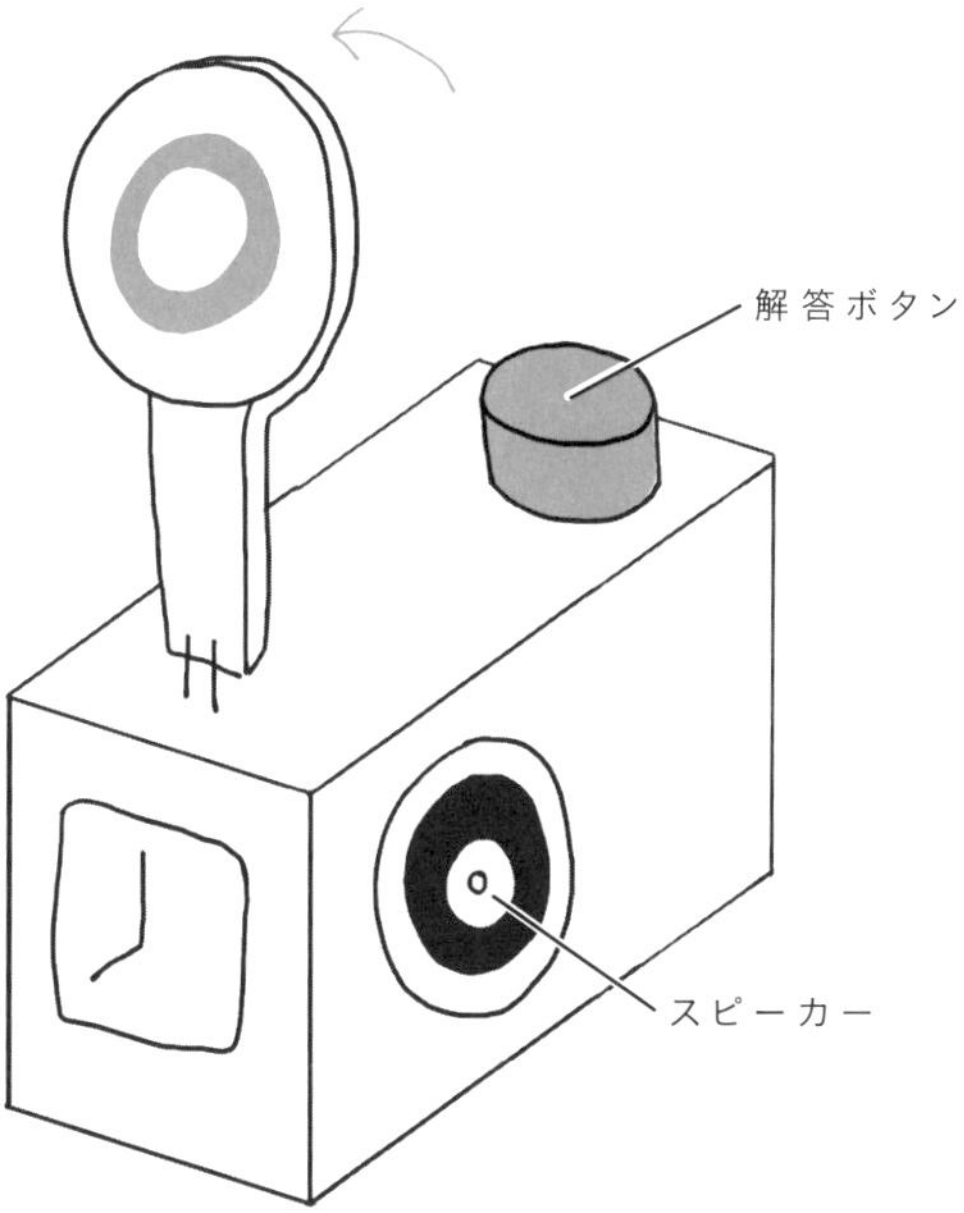

起きる時間になると、爆音で曲がかかり、
解答ボタンを押すと止まる。
起きた瞬間からイントロクイズが楽しめる。

24

開き直る

問題に対して「あえて解決しない」というアプローチもある。

目覚ましを使って決まった時間に起きるのは当たり前だけれど、ここで一度立ち止まって考えたい。なぜ、ここまでして決まった時間に目覚めなくてはならないのかと。

それは、仕事や約束に遅刻しないためだったり、健康のために規則正しい生活をするためだったり、理由はいくらでもある。あるにはあるのだが、わたしはもっと寝ていたい。

自分が出なくても関係なさそうな会議のために、なぜ朝早く起きなくてはならないのか。なぜ健康のためといっているのに、睡眠をあきらめなくてはならないのか。

アイディアを考えるとき、「考えている問い自体を疑う」ことから突破口が開くこともある。これはまさに壁に突き当たったときに役に立つ方法だ。

この「開き直り」は、アイディアを考えるときは、つねに頭の隅に置いておきたい重要なオプションだ。どんなことでも、考えがストップしてしまったら、前提を覆すことで楽になれる。

商品のPRをまかされたとして、その商品にあまりに魅力がなければ、頭を抱えてしまうだろう。数少ない魅力を無理やり打ち出したところで、弱いものにしかならない。

そんなときは無理に魅力的に見せるのではなく、魅力がないことを開き直るというPR方法がある。

これは地方自治体がPRとしてやっているのを見かけることがあるかもしれない。ポスターや動画で、「印象が薄い」「あんまり人がいない」ということをあえて自虐的に強調して人の目を引くのだ。

生活の中での問題も、この開き直りによって新たな道が見えてくることがある。

たとえば、隣に住んでいる人がシャワー中に歌を歌ってうるさい、という問題があるとして、素直な解決策は「注意しに行く」だとか「管理会社に相談する」とか、そ

ひねくれ

ういったものになるだろう。

しかし、「シャワー中に熱唱するのはしょうがない」と開き直って考えてみると、どうだろう。

「歌声をカラオケアプリで採点してみる」「歌っている曲のプレイリストをスポティファイでつくる」など、問題を楽しみに変えるアイディアが湧いてくる。

「本当にそれは解決すべき問題なのか」「開き直ると、どう考えられるだろう」「問題をポジティブに捉えてみるとどうだろう」と、前提から疑っていくと、発想が広がり、これまでになかったアイディアが生まれてくる。

考えてみる

目覚めることをあきらめたら、どのような機能がついている目覚まし時計のアイディアが考えられるだろうか？

「目覚めることをあきらめる」視点から目覚まし時計を考えてみたところ、「自分の代わりにアラームを止めてくれる目覚まし時計」を思いついた。アラーム音が鳴るとセンサーが反応して、目覚まし時計のスイッチを押してくれる機能があったら、とても快適に睡眠がとれそうだ。

ひねくれ

目覚ましを止めるマシーン

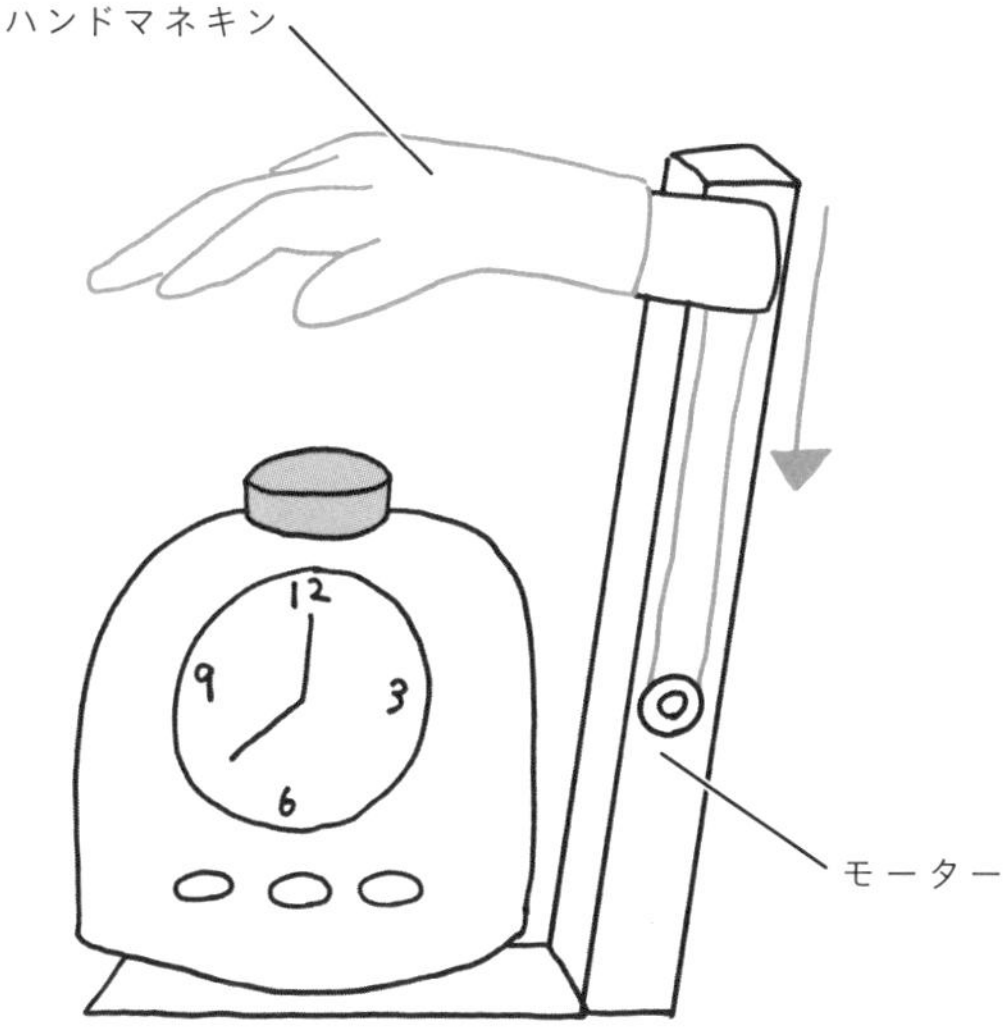

目覚ましの音が鳴るとモーターが作動して、
自動的にストップボタンが押される。

考える術

25

逆に「ストレス」を増やす

生活の中のストレスからアイディアを考えるときに、「逆にそのストレスを増やす」と考えてみると、どのようなアイディアになるだろうか。

たとえば、ポケットの中につっこんだイヤフォンを取り出したとき、コードがからまっていてストレスを感じるシチュエーションがある。これを解決したものが、コードをきれいに巻けるアクセサリーだ。また、Bluetoothイヤフォンは、イヤフォンからコード自体をなくしてしまった。完全な問題解決だ。

では、反対にストレスを最大化しようと考えると、どうなるだろう。

「もっとからませる」というのがその答えだ。

そこでわたしは「イヤフォンをからませるマシーン」をつくった。マシーンの中にイヤフォンを入れてスイッチを押すと、数秒間マシーンが動き、止まったころには中のイヤフォンがぐちゃぐちゃにからみあっているというものである。

日常で感じるストレスを解決するのではなく、増加させる視点で考えることで、新しいものが生まれた。いや、生まれたところで何の役にも立たないのだが。

しかし、この「ストレスを増やす」という方法がストレートな問題解決になることもある。

この章のはじめに触れた「爆音の目覚まし時計」は、ストレスを与えることで人を起こすものだ。また、遊びやゲーム、エンタメとして「罰ゲーム」をしたい人にも「ストレスを増やすアイディア」は役に立つ。

解決と正反対のことを考えるのは、アイディアに別の意味や価値を生む。まったく違う文脈が現れて、ユニークなものが生まれたり、目の前の問題は解決できなくても、他の問題の解決のきっかけになるものが生まれることもある。

考えてみる

生活の中で思いつくストレスを
最大化させるアイディアを考えてみよう。

イヤフォンをからませるマシーン

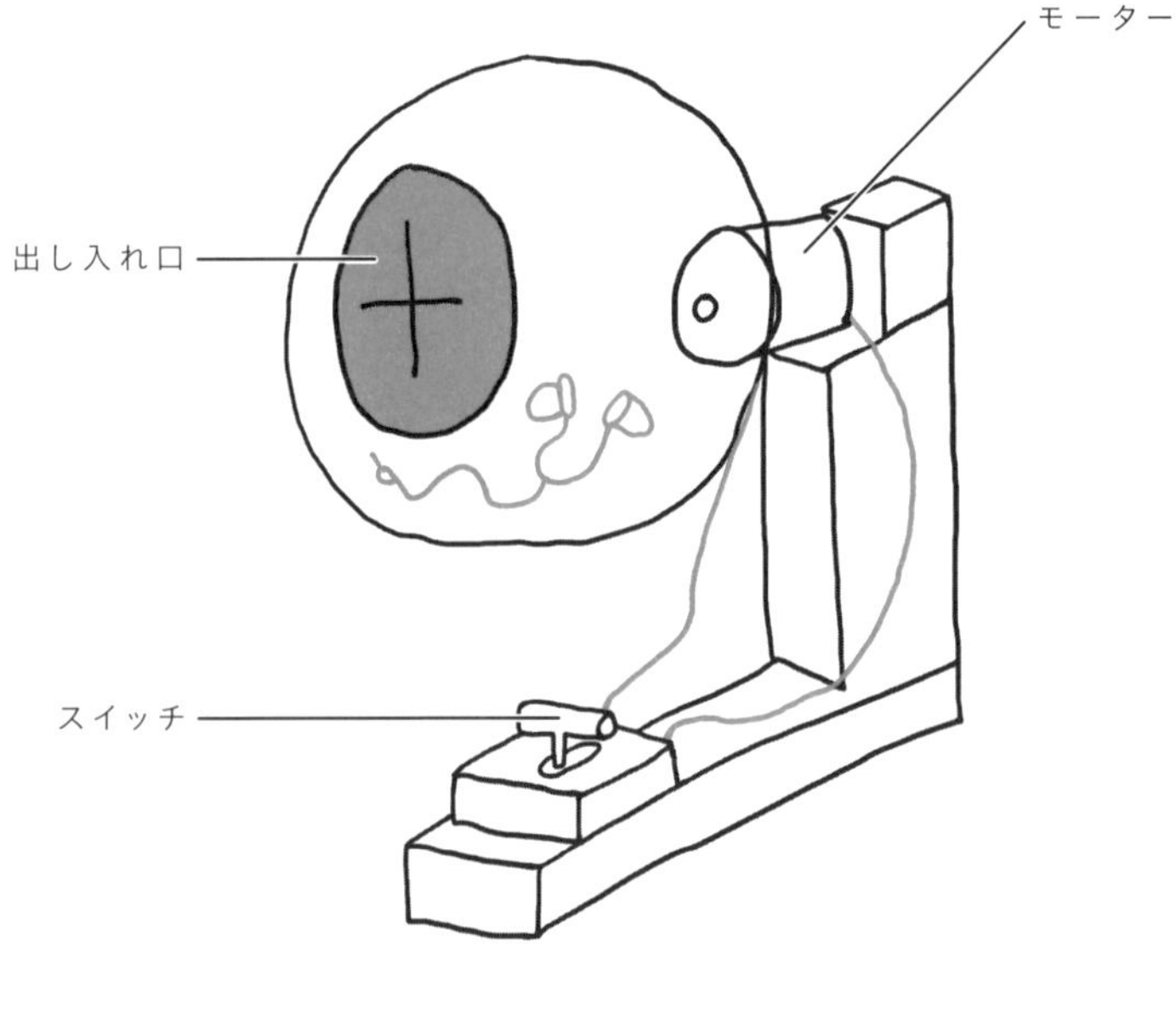

マシーンにイヤフォンを入れてスイッチを押すと、
マシーンが回転して、コードがぐちゃぐちゃにからむ。

26

「針」を振り切る

小さな問題をとても重大なことのように考えると、また新たな視点でアイディアを考えることができる。

たまに足の小指をタンスの角にぶつけることはないだろうか。わたしはよくある。とはいえ、こんなことはひと晩経てば忘れてしまうような些細《ささい》なことだ。

しかし、こうした「些細なつらさ」をこの世の終わりくらいのレベルまで引き上げてみるとどうなるだろう。

こういうときは、言葉をもっと重大なものに置き換えられないかというところから考えていくと簡単だ。「ぶつける」をもっと重々しい表現にするとどうなるだろう。「衝突」という言葉が思い浮かぶ。さらに、「衝突事故」とまで言ってしまうと、もっと重大な感じがしてくる。

では、「衝突事故」という問題を防げるツールは何だろう。車ならエアバッグがある。「足の小指の衝突事故」なら、足の小指用のエアバッグを装着したら、問題が解決できるのではないだろうか。

日常で起きる小さな怒りも、過剰にするとアイディアにつながる。たとえば、冷蔵庫のプリンを家族の誰かに食べられた。そんな怒りを過剰にするとどうだろうか。まず、怒りを突き詰めた場合、そこからどんな行動が生まれるか考えてみよう。

暴力、呪い、復讐、殺し屋に依頼する……。

怖いものたちがたくさん出てきた。「プリンを取られた」というかなりどうでもいいことが問題となっているので、針を振り切れば振り切るほど、その差がおもしろくなる。

考えてみる

「冷蔵庫に入れておいたプリンを食べられた」という怒りを最大化し、それを解決するアイディアを考えてみよう。

わたしは「殺し屋」をキーワードにアイディアを考えることにした。たとえば、冷蔵庫を開けたら、眉間にレーザーポインターが当たるマシーンはどうだろう。「プリンを取ったら暗殺される……」と危機感を感じてきっと未然に防げるはずだ。

レーザーポインターが当たる冷蔵庫

冷蔵庫を開けたらセンサーが感知して
レーザーポインターが作動、
暗殺者に狙われている感じになる。

27

「身近なもの」で考える

頭の中でアイディアを考えていると、どんどん壮大になっていくことがある。

非現実的だったり壮大な欲望はたくさん抱いたほうがいいとは思うが、壮大な欲望をそのまま実現するのは難しい。

わたしはよく「ハリウッドデビューしたいなあ」と思うのだが、ほとんど無理だ。だってわたしは女優でも監督でもないからだ。でも何かしら奇跡が起こってデビューするかもしれないので、「ほとんど無理」という少しだけ可能性があるような言い方をした。

とはいえ、無理である。こういう欲望を解決するのはかなり難しい。しかし、この章を通して書いてある通り、「無理だ」と考えを止めるのはもったいない。そんなとき、「身近なものを使って、なんとか叶える」という視点を持ってみよう。

どこまでも妥協を受け入れれば、どんな壮大な欲でも身近なもので実現できる。手持ちのもの、たとえばスマホやパソコンの機能を使ったり、１００円ショップやスーパーで売っているもの、家にあるものなどを工夫して使ったり、友だちや家族に協力してもらったり。

スーパーモデルが写真を撮るときに前から風を当てられて髪をなびかせるのを見るが、それは自宅で自撮りするときにドライヤーで代替できる。

憧れの人と写真を撮りたい場合は、その人の写真を切り抜いてスマホのカメラの前に置いたら、遠近法で一緒にいるような写真が撮れる。

くだらなさの針を振り切って考えていくと、どんどんアイディアが出てくるはずだ。

考えてみる

身近なものを使って、セレブ気分を味わえる方法を考えよう。

わたしのハリウッドデビューの夢はどうか。ＬＩＮＥの友だちの名前を全部ハリウッドスターに変更してはどうかと考えた。これで友だちからＬＩＮＥが来るたびに、自分がセレブの一員のように感じることができる。

考えるときに使えるアプローチ法をいくつも知っていれば、一つの問題に対して視点をさまざまに切り替えて考えていくことができる。視点の多さは自由な発想につながり、いままでにない新しいアイディアをつかむ助けになる。

この章で紹介してきた視点の中には、一見なんの役にも立たないアプローチに思えるものもあったかもしれない。しかし、こういった考え方があることをインプットしておくことで、思考がストップしてしまったときに風穴を開けられるはずだ。

Chapter

4

「みんなが知っていること」から考える

一人だけ
違うことをする術

考える術

28

「みんなが知っていること」から考える

ここまでは「半径1メートル」で感じる違和感など、身の回りで起きていることからアイディアを考えてきた。この章では、もうちょっと範囲を広げて、流行や行事、伝統などの「みんなが知っていること」をテーマにアイディアを考える練習をしてみよう。

みんなが注目しているものや、毎年同じように行われていることへの違和感を言葉にしたり、視点を変えて見ていくことで、アイディアのきっかけをつかむのだ。

アイディアの考え方は、ここまでやってきたように、違和感やストレスを言葉にして、「アウトプットの言葉」（38ページ参照）を付け加えると考えやすい。

みんなが知っているものからアイディアを考えるとき、「3つの視点」を意識してみよう。

1：**問題を解決する**

最もベターなアプローチだ。第2章と同じように、これまで無意識に受け入れてきたものを改めてじっくり見つめて、ちょっとした違和感を意識してみると、必ずといっていいほど問題や課題が見えてくる。そこに焦点を合わせて解決する方法を探っていく。

2：**違う方向を向く**

流行や行事など、社会全体が同じ方向を向いているときに、あえて逆を向いて考えてみると、新しいアイディアにたどりつきやすい。

3：**裏切る**

多くの人に共有されたイメージがあるものは、そのイメージを利用したり裏切ったりすることで、多くの人にインパクトを与えるアイディアを考えることができる。

本章では、この3つの視点を意識しながらアイディアを考えていこう。

29

「流行への感情」から考える

では、流行をテーマにアイディアを考えてみよう。

といっても、流行をすかさず感知するのはすごく難しい。わたしは流行にうといので、流行りに流行ったあとで気づくことが多い。

そうなると、客観的な視点から課題や問題を見つけて、それを解決するというかたちでアイディアを考えても、他の誰かがもう思いついていて、すでに商品やサービスになっていたりする。

たとえば、タピオカが流行したときは、タピオカを持ち運びやすくするタピオカホルダーがすぐに発売されたし、ポケモンGOが流行したときも、ゲームの操作をしやすくするアタッチメントなどがすぐに出てきた。

流行のものはみんなが注目しているのだから、ふつうに考えていては誰かしらに後《おく》れをとってしまうのだ。

そこで、流行からアイディアを考えるときは、「個人的な感情」から問題を考えることをおすすめしたい。自分の感情を出発点にすると考えやすいし、人が流行に対してどんな感情を抱くかを想像することでも、ユニークな視点を得ることができる。

考えてみる

タピオカへの感情を言葉にし、
そこから「こんなものがあったらいいのに」を考えてみよう。

わたしはタピオカが好きだけれど、タピオカの写真をインスタグラムで見るのは嫌いだ。なんというか「インスタ映えのためにタピオカを買わないでいただきたい」と、タピオカへの愛情がちょっと別の方向に向かっている。「写真なんか撮らずに目をつぶってタピオカのうまさを味わいたまえ」と、頑固なラーメン屋の店主のようなことを思っている。

それに、わたしは純粋にタピオカを飲みたいのに、インスタ映えを求める人々で行列がつくられているのがちょっとムカつく。

身勝手に思えるが、それでいい。むしろ身勝手に考えるほうが、これまで誰も言葉にしていない問題に気づきやすくなる。

では、どんなものがあったら、そこにある問題を解消できるだろう。

タピオカ自体を変えることは難しいので、「インスタ映え」に注目して考えたい。

たとえば、タピオカをスマホで撮影しようとしたら邪魔が入るデバイスがあったらどうだろう。どう頑張ってもインスタ映えのする写真が撮れなくなれば、インスタ映えを目的にタピオカを求める人たちが激減するはずだ。まったく実効性はないものの、同じようなモヤモヤを感じる人たちと感情を共有できるアイディアだ。

インスタ映え台無しマシーン

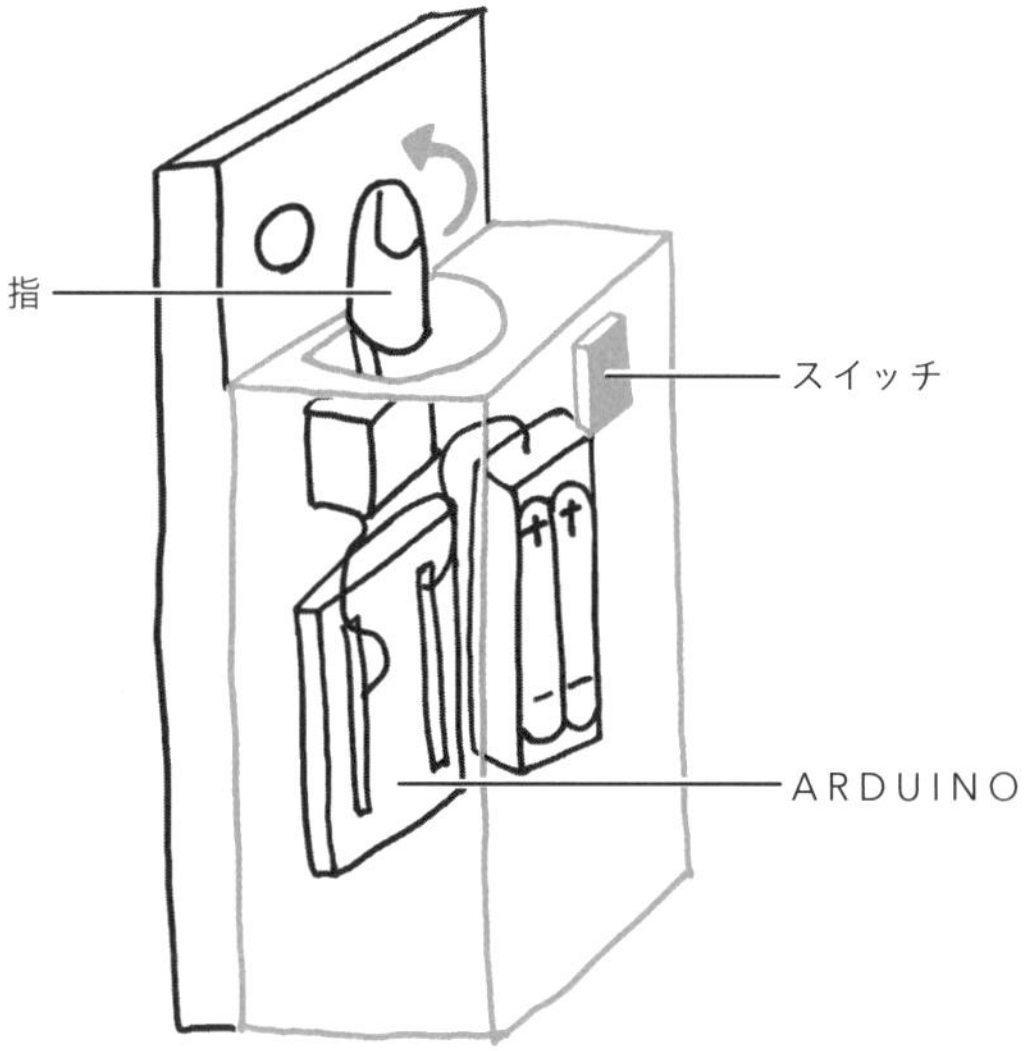

スイッチを押すとシリコンの指が出て、
どんな写真を撮っても指が見切れる。

考える術

30

「行事」に乗っかる

世の中には季節ごとの行事がたくさんある。クリスマスやバレンタインデー、ハロウィン、エイプリルフール。日本の伝統行事に限ってみても、七夕やお正月、お盆に端午の節句など。

とりわけ大きな行事は、多くの人が身近に感じているので、こうした行事に乗っかったアイディアを考えると、たくさんの人の心に引っかかるものになる。

同じお菓子のパッケージがシーズンごとにガラリと変わったり、テレビ番組などメディアコンテンツでも行事に乗っかった企画を目にすることが多いはず。行事を軸にして考える発想は、さまざまなアイディアに応用することができるのだ。

流行から考えるときと同様、個人のレベルから考えることでアイディアのきっかけをつかむことができる。

まずは、行事に対して個人的に覚える感情から、解決すべき問題を考える。

たとえばバレンタインデーのとき、人はどんな感情を抱くだろう。チョコをもらえなくてさみしい思いをしている人がいれば、逆にチョコをもらいすぎて大変な思いをしている人もいるかもしれない。

「チョコをもらえないさみしさ」や「チョコをもらいすぎるつらさ」、こうしたモヤモヤを解消するにはどうすればいいだろう。そんな視点からアイディアを考えていくのだ。

これまで楽しいバレンタインだけでなく、つらいバレンタインもあったと思う。そうやっていろんな感情を経験してきたなら、その分、思いつくアイディアもいろいろとあるはずだ。

考えてみる

バレンタインデーに関して「個人的な問題」を見つけて、それを解決するアイディアを考えてみよう。

個人的なことでいうと、中学生のときに同性同士で交換する友チョコが流行っていたのだが、「手作りチョコ至上主義」みたいな風潮があり、市販のチョコをあげると友情に亀裂が入ってしまいそうだった。

なので、バレンタインが来るたびに手作りチョコを友だちの人数分つくらなくてはならなくて、かなりつらかったのを覚えている。

この問題について考えるなら、たとえばスーパーなどで売っているチョコをどうにかして手作りチョコのように見せられたら解決できそうだ。そこで、「市販のチョコを手作り化できるマシーン」を思いついた。そもそも、最初から手作りに見えるチョコが売っていたらいいのだが。

市販のチョコを手作り化できるマシーン

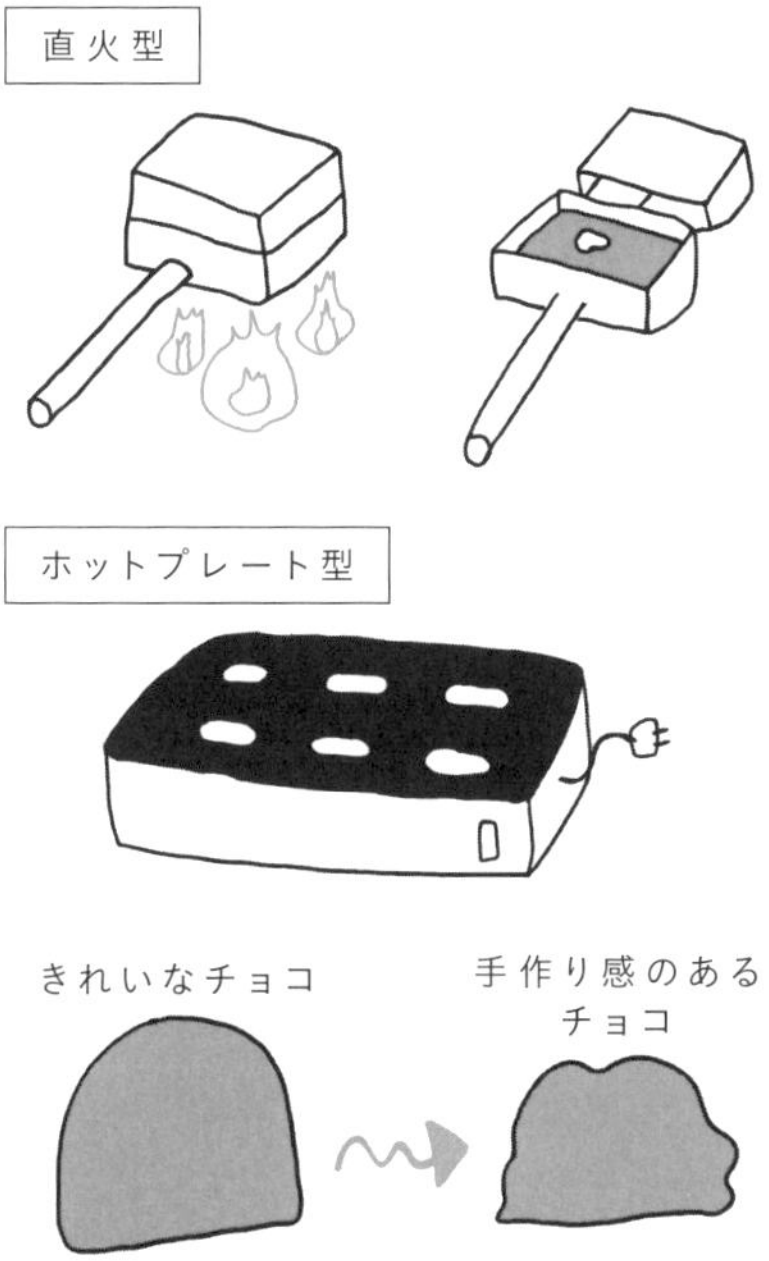

適度な熱で市販のチョコを溶かすことで、
手作り感を出せる。

31

「行事」の反対を向く

季節の行事というのは多くの人が何の疑問も持たず、毎年同じころに同じように行っているものだ。ハロウィンなら「仮装をして楽しむ」、バレンタインデーなら「好きな人にチョコレートを贈る」、節分なら「豆をまく」など、誰もがとくに違和感を抱くことなく受け入れている。

そしてバレンタインデーが近づくと街がバレンタインデー一色になるように、大きな行事があるときは世の中全体が同じ方向を向いている。

こういった同じようなものの見方をする人がマジョリティになっているときは、自分だけ少し視点を変えるだけで新鮮なアイディアを生み出せる。たとえば、シンプルに「みんなの反対」を考えてみるとどうだろう。

ハロウィンでいうと、ウェブメディアのデイリーポータルZが「地味ハロウィン」

というイベントを主催している。街中で派手な仮装をしている人たちがたくさんいる中で、一見すると仮装とわからないような地味な格好をするのだ。

たとえば、「東急ハンズの店員」だとか、「やよい軒でご飯をよそいに行っている人」だとか。「仮装とは派手なもの」という常識を反対にすることで、おもしろいイベントが生まれている。


イベントの中心となる人物以外に注目を向けることでも視点を変えることができる。

バレンタインデーというのは「チョコを贈る／もらう」といった行動が中心のイベントだが、その裏にはチョコをもらえない人たちがいる。では、その人たちに目を向け、その視点から見たらどうなるだろう。

また、節分は鬼に豆をぶつけるイベントだが、ぶつけられる鬼の気持ちは蔑《ないがし》ろにされている。鬼の視点から考えてみると、「豆をぶつけられて痛い」という問題が浮かんでくる。

このように、中心人物をずらして考えることで、なじみ深いイベントを独自の視点で捉えることができ、そこから新しいアイディアが生まれてくる。

考えてみる

クリスマスを楽しめない人の視点に立ち、イベントを考えてみよう。

わたしがそもそもクリスマスを楽しめない人なのだが、クリスマスでいちばん楽しいと思えるものは、「プレゼント交換」だ。子どものころ、曲に合わせてみんなでプレゼントを回していって、曲が止まったときに持っていたものを受け取れるゲームをやっていたのを思い出した。

個人的に、ソーシャルな場がすごく苦手なので、クリスマスパーティーにはあまり参加したくないのだが、あのプレゼント交換ゲームだけはいくらでもやっていたい。

なので、「ストイックプレゼント交換パーティー」があったらどうだろうと考えた。プレゼントをたくさん用意しておき、参加者同士の親睦《しんぼく》を深めるわけでもなく、ずっとあのゲームをやり続けるイベントだ。

考える術

32

「伝統文化」をアップデートする

雛《ひな》人形や茶道に歌舞伎など、伝統文化も行事と同様、多くの人はあまり考えずに、現状のあり方をそのまま受け入れているところがある。

しかし、少し立ち止まって考えると、いまの感覚からすると面倒だったり不便に感じる部分も多く、それが敷居の高さにつながっていたりもする。そんな問題に気づけると、そこからアイディアを考えることができるはずだ。

茶道を例にとると、たくさんの決まった工程を経てお茶を点《た》てるという行為は面倒といえば面倒だ。わたしも中学生のときに茶道を習っていたのだが、工程を覚えることがなかなか難しく、電気ケトルでジャーッてお湯を入れてマグカップで出してみんなでワイワイ話せばいいじゃん、と考えたりしていた。

工程の多さも茶道の本質ではあるものの、やっぱり現代の視点で見ると、面倒で敷

共通認識

居が高く感じる。

伝統文化によるこのような問題は、現代のものと掛け合わせると解決に導くことができる。

「ゴシックロリータ風の雛人形」や、「最新技術を使った歌舞伎」などはけっこう有名だ。また、藤岡弘、は茶筅《ちゃせん》でコーヒーを点てるらしい。

現代のものと伝統を掛け合わせることで、新しいものが生まれる。ここからアイディアを考えてみよう。

考えてみる

茶道と現代のテクノロジー(または昔はなかったもの)を組み合わせて、新しいアイディアを考えてみよう。

わたしはここから、「オンライン茶会」というアイディアを考えた。現代の象徴といえば、インターネットである。オンライン飲み会が流行ったように、オンライン茶会も工夫をすれば成り立ちそうだ。ビデオチャットで各々の好きな場所でお茶を飲むことができたら楽で敷居が下がり、利便性もありそうだ。

33

「伝統文化」をさらにアップデートする

では、もはやわびさびすらなくてもいいと考え、便利さを追求するとどうなるだろう。

お茶の点て方には作法があり、身につけるにはかなりな時間がかかるが、自動的にお茶を点ててくれるロボットがいたらとても便利になる。お茶点てロボットが亭主の茶会があったら、かなり楽しそうだ。ロボットが雑に点てたお茶を厳《おごそ》かに飲む光景を見てみたい。

伝統文化とテクノロジーを掛け合わせ、伝統文化の本質といえる部分を台無しにすることで、独自性のあるユーモアが生まれる。

テクノロジーを使ったコントをする「テクノコント」というグループがあり、わたしもその一員なのだが、その中で行った「テクノ落語」という演目がまさにそれを体現していたので紹介したい。

落語でよく、そばをすするシチュエーションがある。落語家が扇子を箸に見立ててそばを食べるマイムをするのだが、まるでそこにおいしいそばがあるかのような、出汁《だし》の匂いがするかのような、とてもリアルなマイムだ。きっとこれを習得するのには、何年も何十年も修業を積まなきゃいけないんだろうなと思う。

しかし、**テクノ落語ではそばのシーンにAR技術を使っていた。**そばをすするシチュエーションになると、スマホのインカメラで自分の顔を映す。すると後方のモニターに、その人の口にそばが入っていく映像が現れるのだ。

スマホの写真加工アプリで、虹が口から出るエフェクトがあるが、あのような感じでそばがズルズル口に入っていく。伝統芸能の良さを全消ししている。

わたしはこれを見て、伝統芸の良さを一切なくすとこんなにインパクトが生まれるのかと感動した。

伝統文化は尊重されるべき大切なものではあるが、あえて立ち止まって本質を覆す考え方をすることで、変なアイディアが生まれやすい。

これは伝統文化に限ったことではない。慣習になり、ふだん何の疑問もなく受け入れているものに対して、一度立ち止まって、根本からひっくり返すような考え方をしてみると、アイディアのきっかけをつかむことができる。

考えてみる

「近未来の落語」をテーマに、新しい落語のかたちを考えてみよう。

わたしは「サンプラー落語」というものを思いついた。そばをすする音など、普通は口から出す効果音をすべてサンプラーにまかせる落語だ。

DJが盛り上げるときによく鳴らすフォンフォンフォンフォーンという音も組み込むことができ、演芸場ではなくクラブに活動の場を広げられそうだ。

34

「あるある」から考える

「遅刻、遅刻ー！」と言いながらパンをくわえて走る女子高生が、曲がり角で転校生の男の子とぶつかる……。どこかで見たことがあるような〝ありがち〟なシチュエーションだ。

「大恋愛の末、じつは兄妹ということが発覚」「敵の仮面の下を見ると、それは父親だった」「ぶつかったはずみに男女が入れ替わってしまう」などなど。

こうしたフィクションの「あるある」も、多くの人が持っている共通認識のひとつだ。

「あるある」に限らなくても、昔話や童話、とても有名な映画など、誰もが内容を知っていて、その展開がなんとなく読めるストーリーがある。そんな共通認識からもアイディアを考えることができる。

テレビやお笑いが好きな人は、漫才やコントで、こういったフィクションをベースにしたネタをよく見るのではないだろうか。多くの人が共通して知っている物語をテーマにすると、その展開や設定を裏切ったりズラしたりすることでわかりやすく意外性を出せるので、おもしろいネタをつくりやすいのだ。

フィクションをベースにして考える場合は、第1章で行った、「どんな？」をいろいろと考えて性質をズラしていく方法を使うと考えやすい（26ページ参照）。「現代の桃太郎」や「ビジネス版さるかに合戦」など、タイトルにいろんな修飾語をつけて、その内容を想像するのだ。

「令和時代の桃太郎はどんな話だろう？」「さるかに合戦をビジネスに例えるとどうなるだろう？」と、どんどんイメージがふくらんでいく。

考えてみる

昔話からアイディアを考えてみよう。

「アウトプットの言葉」を付けたり、修飾語を付け加えると考えやすくなる。

わたしは「つるの恩返し」からアイディアを考えてみることにした。

「つるの恩返し」は、助けられたつるが人間に化けて恩人の家で機織《はたお》りをする話だが、「このふすまを絶対に開けないでください」とつるが言ったのに恩人が開けてしまい、悲しい展開になる。

そこで、「ふすまを絶対に開けられないマシーン」をつるのためにつくってあげたら、ハッピーエンドで終わるのではないだろうか。

ふすまを絶対に開けられないマシーン

ふすまに触れるとタッチセンサーが
反応し、電流が流れる。

35

「細部」を現実的に考える

フィクションを現実的に考えることもアイディアにつながる。

以前、食パンをくわえながら走ってみようと実際にやってみたことがあった。暇だったのだ。

すると、よだれでパンがふにゃふにゃになり、数メートルでちぎれてしまった。そして、くわえ続けるためには、強靭な顎《あご》の筋肉が必要なこともわかった。

少女漫画の主人公はよだれが出ず、顎が強い、ということがわかった。

必ずしも実際に再現しなくてもよいが、ふだん深く考えることなく、なんとなく受け入れているシチュエーションを現実的に考えることで、新しい視点が得られる。

「食パンをくわえながら走る」をもっと現実的に考えていくと、「曲がり角でぶつかって相手がもしケガをしてしまった場合、自分は何か罪に問われないだろうか？」

「相手にケガをさせないためにはどんな姿勢で、どの程度のスピードで走ればいいだろう？」など、考えるべき要素が見えてくる。たんに暇つぶしで考えていると、アイディアのきっかけになることもある。

そもそも食パンをくわえて曲がり角を曲がったところで、誰かとぶつかる可能性は低い。そう考えると、人が曲がり角にさしかかると、センサーが感知して知らせてくれる食パンがあれば便利そうだ。

それを合図にダッシュをすることで、人とぶつかる確率が上がるため、下手に合コンに行くよりも、その食パンをくわえて待っていたほうが運命の人に出会えるかもしれない……と考えて、「ぶつかる確率が上がる食パン」というマシーンを制作したことがある。

このように、多くの人がなんとなく共有しているイメージに対して、うるさいくらい細部に疑問を抱いて考えていくと、想像が膨らんでアイディアをつかむことができる。

また、「落としたハンカチを拾ってくれた人と恋に落ちる」というありがちなシチュエーションがあるが、ハンカチを落としたところで自分の好みの人が拾ってくれる可能性はとても低い。この問題はどうやったら解決できるだろうか。

後ろを歩いている人をモニタリングできるようにする。機械学習でわたしの好みの男性をマシーンに学習させて、自動的にハンカチを落とさせる……。さまざまな考え方ができそうだ。

考えてみる

ベタな恋愛ドラマの展開を現実的に考えるとどのような障害がありそうか、考えてみよう。また、それを解決する方法を考えて、アイディアにしてみよう。

イケメンとぶつかる確率が高くなる食パン

人がセンサーの前を通ると、
食パンのLEDが光って教えてくれる。

共通認識

36

「ステレオタイプ」を使う

流行、行事、伝統にフィクション……。社会で広く共通認識を持たれているものとそこからのアイディアの考え方を紹介してきたが、最後に「ステレオタイプ」について考えておきたい。

ステレオタイプを意識せずに考えを進めると、無意識にアイディアの中に差別や偏見を含んでしまうことがある。たとえば、人種や性別に対するステレオタイプを意識せずに、性質や役割を決めつけるような表現をしてしまうと、多くの人を傷つけてしまう。

「A型は几帳面《きちょうめん》」「B型はわがまま」という血液型によるステレオタイプも広く認知されている。これはまったく科学的根拠がないけれど、なぜか信じられているものだ。「関西人はおもしろい」「九州の人はお酒が強い」「沖縄の人は温和」という地域に対してのステレオタイプもある。当てはまる人と当てはまらない人がいるのは当然で、行きすぎると不快な思いをしてしまう人が出てくる。

こうした偏見やバイアスは、多かれ少なかれ、誰もが無意識に持っているものなので、アイディアを考える際は、人種や性別、または血液型や地域などに対して差別や偏見はないか、人の役割を決めつけたりしていないか、改めて意識する必要がある。そうすることで、自分のアイディアがはらんでいるリスクを知ることができる。

一方で、アイディアに昇華できるようなステレオタイプもある。

ステレオタイプというか、ちょっとした思い込みのようなものだが、たとえば「眼鏡をかけている人は頭がよさそう」だとか、もっと細かい例でいうと、「電車の中で文庫本を難しい顔で読んでいる人は頭よさそう」といった、小さな〝憧れ〟とでもいうようなイメージだ。

こういったものからは、「自分も同じように見られるにはどうすればいいか」といった視点からアイディアを考えることができる。

単純に考えると、自分も難しそうな本を電車の中で読めばいいだけなのだが、ここで意識したいのは「欲求の矛盾」だ。
わたしは、電車の中ではスマホでだらだらと芸能ニュースを読んだりインスタでかわいい動物を見ていたいタイプなのだ。しかし、文庫本を読んで周りから頭がよさそうにも思われたい。この欲求の矛盾を解決する方法を考えていくと、アイディアが生まれそうだ。

考えてみる

周りから頭がよさそうに見える方法を考えてみよう。
また、「欲求の矛盾」がある場合は、それを解決する方法を考えてみよう。

わたしは、「電車の中で文庫本を難しい顔で読んでいる人は頭よさそう」というステレオタイプから、アイディアを考えることにした。電車の中で賢く見られたいし、無になってスマホをいじってもいたい。そこで、文庫本のかたちをしたスマホケースがあったらどうかと考えた。これで、欲求の矛盾も解決できそうだ。

文庫本のかたちをしているスマホケース

文庫本を読んでいるように見せながら、
スマホをいじることができる。

37

「ステレオタイプ」を逆手に取る

ステレオタイプによって、嫌な経験をしたことや違和感を抱いたことはないだろうか。前項でも触れたが、「A型は几帳面」という先入観がある。わたしはA型だけれど、まったく几帳面じゃない。シミがついた洋服を平気で着ているし、カバンの中もぐちゃぐちゃだ。

知り合いに血液型を聞かれて「えー、B型だと思った」と言われることが多く、それはB型の人にも失礼じゃないか、といつも感じる。

こうしたステレオタイプに反発や疑問を感じたときは、思考を広げるチャンスだ。

たとえば、かつて女性アイドルのステレオタイプなイメージは「清純」だったが、それに対して「かっこよさ」や「強さ」をコンセプトにした新しいアイドルグループが生まれたときは新鮮だった。ステレオタイプを逆手に取り、それを覆す視点で考えると、新しいコンセプトが生まれるのだ。

ステレオタイプや先入観は、血液型や容姿などに限らず、あらゆるところに潜んでいる。

自分の趣味はどうだろう。世間の先入観と、それを趣味にしている人の感覚というのはギャップがあることが多い。

たとえば、わたしは電子工作が仕事であり趣味でもあるのだが、よく「難しそ〜」と言われる。しかし、わたしがやっているレベルの電子工作は、そんなに難しいものでもないし、専門的に学ばずともノリでできちゃうようなものだ。

そこで、無駄なものをつくりながら電子工作を学べるワークショップを行ったり、教材をつくったりと、ギャップを埋めるアイディアを考え、実際にアウトプットしてきた。

このように、世間のイメージと自分が知っている実態の「ギャップを埋める」というアプローチからもアイディアを考えることができる。

考えてみる

自分の趣味に対して周りから思われていそうなことを考えてみよう。

また、そのイメージと実態のギャップを埋めるには

どのような解決方法があるか、考えてみよう。

○　○　○

世の中全体が同じ方向を向いている部分に気づくと、新たな視点が開かれる。そこからアイディアを考えていくと、革新的でユーモアのあるものが生まれやすい。流行や行事などに対する自分の感情を意識したり、「反対」を考えることを癖にしてみよう。どんどん思考が広がっていくはずだ。

Chapter

5

「自分のこと」から考える

心の叫びを
かたちにする術

38

「自分のこと」から考える

独自の視点を持つためには、自分のことを深く知ることが必要だ。自分の内奥の欲求や思考、心の揺れ動きなどを日ごろから意識することで、だんだんと自分のことがわかってきて、自分らしいアイディアの個性や方向性が見えてくる。

わたしはすごくネガティブで、いつも余計な心配をしたり、友だちといても疎外感を感じていることが多い。そのうえとてもひねくれていて、幸せな人を見ると嫉妬《しっと》しか感じない。

こんなにも嫌な人間だけれど、嫌な人間にしか考えられないアイディアがある。自分のそんなダメなところや嫌なところに向き合うことが、独自の視点を得るための第一歩になるのだ。

また、アイディアを考えるとき、他人の問題を勝手に推しはかって考えてしまう人が多い。

しかしたとえば、お年寄りを手助けするアイディアを考えたいというとき、自分の中にある「お年寄りの困りごと」のイメージだけで考えていくのは、ちょっと危ない。「『ステレオタイプ』を使う」（134ページ）でも触れたが、遠い他者へのイメージには無意識的な偏見や決めつけが含まれていることも多いので、まったくズレたアイディアになってしまったり、ものすごくありがちなアイディアになってしまったりする。

「お年寄りの困りごと」をぱっと考えてみると、「スーパーに買い物に行くのが大変」「耳が聞こえにくい」といったことが挙がるだろうか。これはとても一般的な思いつきなので、実際、「スーパーの宅配サービス」や「補聴器」など、そうした問題を解決するアイディアはすでにたくさん生まれている。

これでは、わざわざ自分がアイディアを考える意味がない。独自のアイディアを考えるためには、問題を自分に引き寄せて考える必要がある。

39

「好きなこと」から考える

遠い他者の問題でも「自分のこと」として考えると、独自のアイディアが生まれてくる。お年寄りのことを考える際も、まずは「自分がお年寄りだったら、どんなことに困るだろう」ということを真剣に想像することから始める。すると、「一般的なお年寄り」のイメージから考えるときとは違った困りごとが出てくるはずだ。

他人の問題を「自分のこと」に引き寄せて考えるときは、「自分の好きなこと」から考えるのが手っ取り早い。好きなことに対しては、他の人よりも知識や情熱があるはずだし、感情や欲求の引き金にもなるので、いろんな問題が見えてきやすい。わたしは好きなアイドルのことになると、唾《つば》を飛ばしながらめちゃくちゃ早口で話す。

他人の問題を考えるときに限らず、好きなことから考えると、次々と思いつくことが出てくる。なので、アイディアを考える際、一度はそのテーマを「好きなこと」に置き換えたり絡めたりして考えてみるのを勧めたい。

シチュエーションによっては、自分の趣味全開のアイディアを提出するのはいかがなものかと思ってしまうかもしれない。たとえば、編集者が出版の企画を提案するときに、自分の好きなアニメやアイドルの企画ばかりを提案するのは公私混同と言われるかもしれない。しかし、いったん、そういう社会性は捨てましょう。

好きだからこそ思いつくアイディアはたくさんあり、愛があるからこそアイディアのディテールを深く追求することができるはずだ。

考えてみる

自分が年齢を重ねたとき、どのような困りごとがありそうか考えてみよう。
また、それを解決する方法を考えてみよう。

わたしはアイドルが好きなのだが、足が弱って外出が難しくなったとき、コンサートに行けないのがつらいのではないだろうか。その問題を解決するアイディアは、どんなものになるだろう。

VRコンサートというものがある。360度映像でコンサートを見ることができたら、会場に行けなくても楽しそうだ。最新機器の扱いが苦手でも問題ないように、操作はできるだけ簡単にしたい。

自分

高齢者用360度VRコンサート

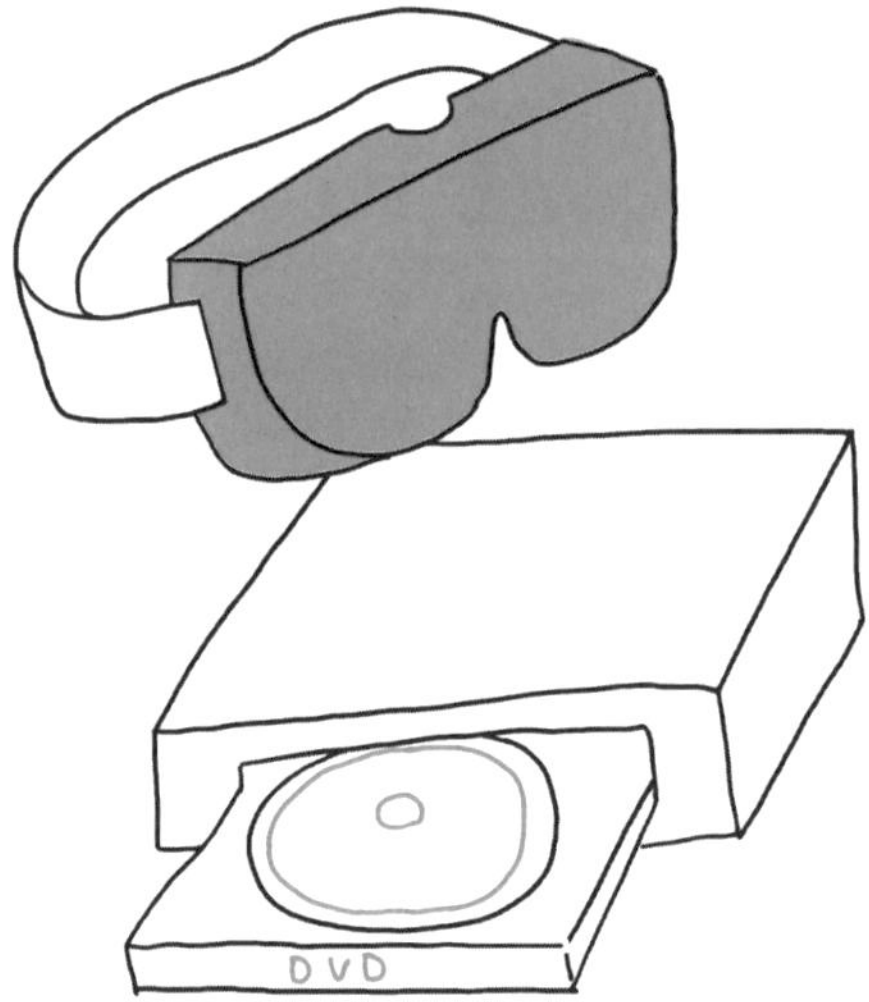

誰でもできる簡単な操作で、
360度VRライブを楽しめる。

また、コンサート後にアイドルオタクたちとサイゼリヤで語り合うのもコンサートの楽しみの一つだ。こういったことが家にいながら可能になるデバイスがあったら最高の未来だ。

自分

40

「欲」から考える

アイディアは「欲」から生まれやすい――というのが、わたし個人の考えだ。というか、考えるという行為の動機は、だいたい根底に何かしらの欲がある。

朝、着る洋服を考えるとき、機能性を重視するのか、人の目を意識するのか。どちらにせよ欲である。もっと抽象的な思考、たとえば将来のことを考えるようなときだって、お金や名声など、内にある欲をベースに考えていくと思う。生活の中には、意外とたくさんの欲が潜んでいる。

そんな欲に意識的になることで、みるみるうちにたくさんのことを考えられるようになる。

世の中にあるさまざまなものは、人々の欲望を叶えるために生まれてきた。

電車や車は、「ラクして遠くまで行きたい」という欲望を叶えるために生まれたものだし、魔法瓶は「温かい飲み物をそのまま持ち運びたい」という欲を叶えるために生まれたものだ。
欲というのは、わたしたちに新しい視点をくれるのだ。

わたしの発明品も、欲望をきっかけにして発想されたものが多い。「欲望」という言葉は、ふだんの生活ではちょっとネガティブな響きを持つことが多いけれど、アイディアを考えるときには、とても重要なものだ。

ふだんの生活で、「あー仕事休みてー」とか「お金ほしいー」と思うことはないだろうか。わたしは毎日のように思っているのだが、こういった感情もアイディアにつながる欲の一つだ。

「あー仕事休みてー」のあとに、きっと、自分を奮い立たせて仕事に行ったり（えらい）、サボったりすると思うのだが、そんな「欲」を感じているとき、一度立ち止まって、その欲を観察したり、解消する方法を考えてみてほしい。

考えてみる

ここ数日の生活を振り返ってみて、「やりたいけれど、やれないこと」をいくつか挙げてみよう。

自分

わたしが感じる「やりたいけれど、やれないこと」は……

・お金を気にせずに好きなものをたくさん買う
・夜道を歩いているとき、大声で歌う
・仕事をサボッて海に行く
・カロリーを気にせずに好きなものをたくさん食べる

などなどだ。

こうしてみると、子どものような欲求ばかりだが、こういった素直な欲からアイディアを考えていこう。

41

「欲」を深掘りする

なぜ仕事を休みたいのに休めないのだろうか。それにはそれぞれの理由があると思うが、わたしの場合は仮病を使って休んだところでバレたら怖いからだ。電話で休む連絡をするとき、声色が元気だったら上司に疑われてしまう。

わたしは気が弱いので、仮病を使って休んだとしても「バレてるのではないか」と、一日中ビクビクしてしまう。仮病で休むなという話なのだが。

また、「仮病で休む」ことについて、他にどんな問題があるか考えると、「仮病のレパートリーが枯渇する」ということも思いついた。

「お腹が痛い」だけで休んでいると、「こいつ、いつもお腹痛いで休んでるな」と思われてしまうし、「親戚が亡くなった」という嘘の理由は何度も使えない。

生活の中で生じる欲を深掘りし、その充足を妨《さまた》げている障害を分析することで、問題が見えてくる。

朝起きて、仕事をして、帰ってきてダラダラして寝る。そんななにげない日常の中に、たくさんの欲が潜んでいる。朝が苦手な人は「二度寝したい」と思うかもしれないし、会社に行ったら「昼寝したい」と思うかもしれない。

その欲にはどんな問題があるだろう。「欲求の矛盾」に注目すると、アイディアが格段に考えやすくなる。「仮病で休んじゃダメだけど、ダラダラしたい」、深夜には、「ラーメン食べたいけど太りたくない」などわがままな欲が生まれるかもしれない。

考えてみる

前項で考えた「やりたいけれど、やれないこと」の障害を書き出してみよう。また、どうすればそれが解決されるかアイディアを考えよう。

「仕事をサボッて海に行きたい」という欲から考えていくと、先ほど挙げたように「仮病のレパートリーが枯渇する」という障害があることに気づいた。これは仮病のレパートリーを増やすことができれば解決できそうだ。

以前、「会社を休む理由を生成するマシーン」というものを制作した。これは、ボタンを押すとランダムで単語が組み合わされて、会社を休む理由を何通りもつくってくれる画期的な発明品だ。

会社を休む理由を生成するマシーン

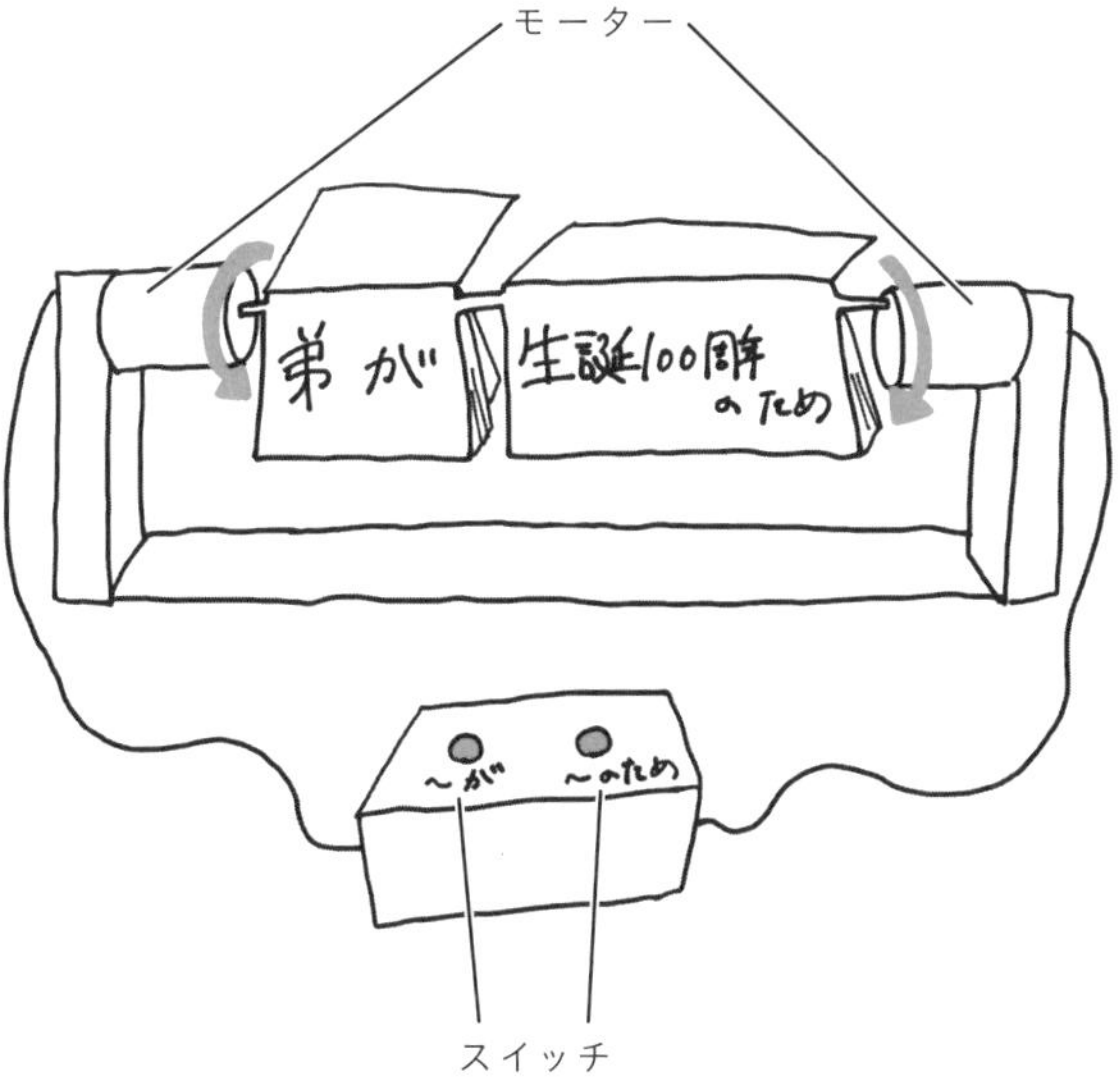

スイッチを押すことで、
「～が」「～のため」が書かれた紙が回転し、
会社を休む理由を何百通りも生み出せる。

42

「欲求」を最大化させる

抽象的な「欲」をもう少し具体的にするために、マズローの欲求5段階説を参考にしながら考えてみよう。

心理学者のマズローによると、人間の欲求には「生理的欲求」「安全欲求」「社会的欲求」「承認欲求」「自己実現欲求」の5段階があるそうだが、この中でも「生理的欲求」と「承認欲求」に注目すると、アイディアを考えやすい。

わたしたちは、つねに何かしらの欲求を持っているが、その欲求が最大化したときにアイディアにつながりやすくなる。おしっこを我慢しているときなんかがそうだ。

人間誰しも、おしっこを我慢したことがあるはずだが、我慢しているとき、この状況にどう対処しようかと精神が集中するのを感じたことはないだろうか。体勢を変えて膀胱《ぼうこう》に空きをつくったり、深呼吸して気を静めたり、トイレに行く最短ルートをシ

マズローの5段階欲求

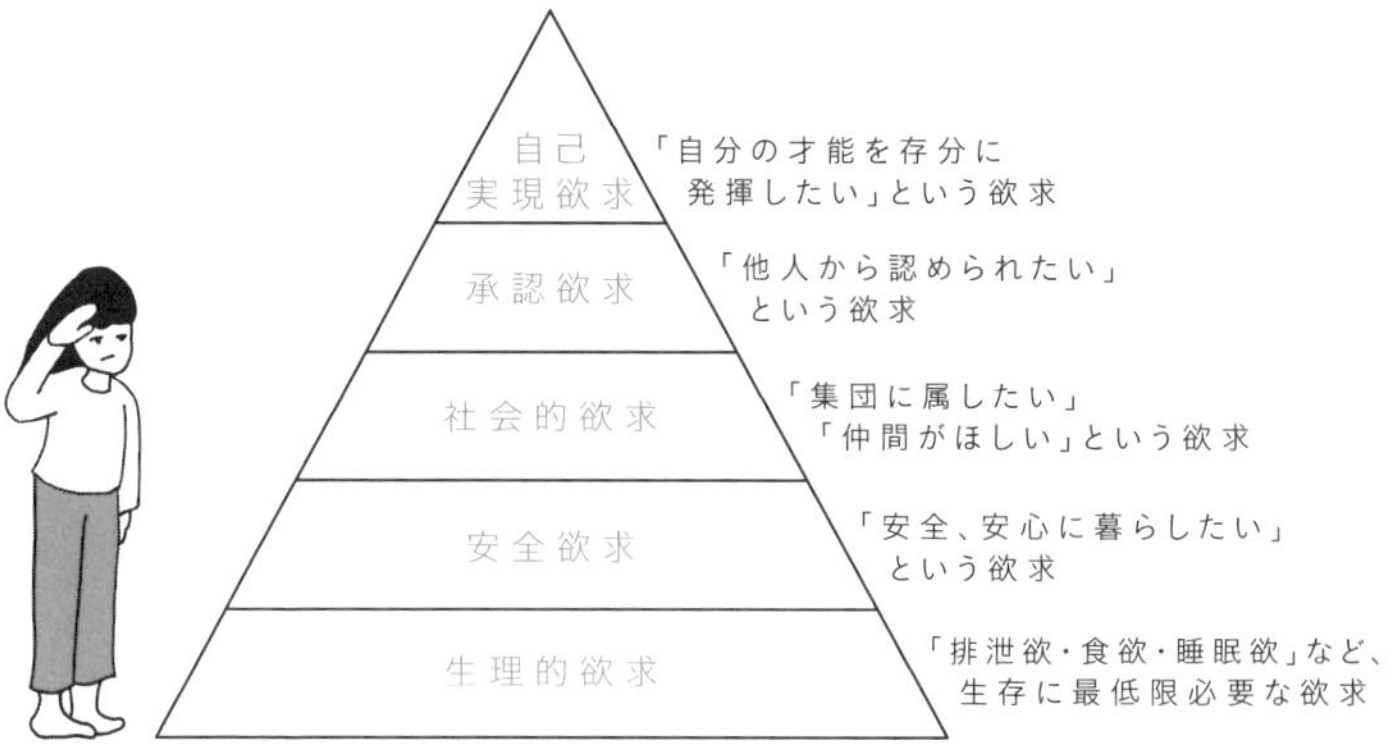

ミュレーションしたり。

　このように、欲求が最大化するとそれをどう処理するかというところで脳がフル回転する。「窮すれば通ず」という言い回しもあるが、追いつめられたときにこそひらめきが生まれる。

　つまり、強烈な欲求に対してその解決方法を素直に考えると、ひらめきが生まれる可能性が高いのだ。

「生理的欲求」が尿意を我慢しているときに最大化するとしたら、「承認欲求」はどうだろうか。

　たとえば、インスタグラムやフェイスブックで「いいね」がもらえないときに最大化するかもしれない。

また、これを利用して、そうでもない欲求を自分の中でわざと最大化させてみると、また別のアイディアが出てきそうだ。

たとえば、「今日はラーメンの気分だなあ」くらいの欲求を、「いますぐにラーメンを食べなきゃ死ぬ」レベルまで自分の中で引き上げると、「10秒でラーメンが食べられる方法はないだろうか」「近所のラーメン屋が網羅されているマップがほしい」などと、思考を進めることができる。

考えてみる

日常の中で、5段階欲求のいずれかの欲求が最大化するシチュエーションを考えてみよう。また、どうしたらその欲求が満たされるか、アイディアを考えよう。

わたしは、おもしろいと思って投稿したツイートにまったく「いいね」がつかないときに、「承認欲求」が最大化する。自分のすべての行動を肯定してくれるロボットがあったらいいのに、と思ったので「なんでも肯定してくれるマシーン」をつくって、この欲求を満たしたい。

なんでも肯定してくれるマシーン

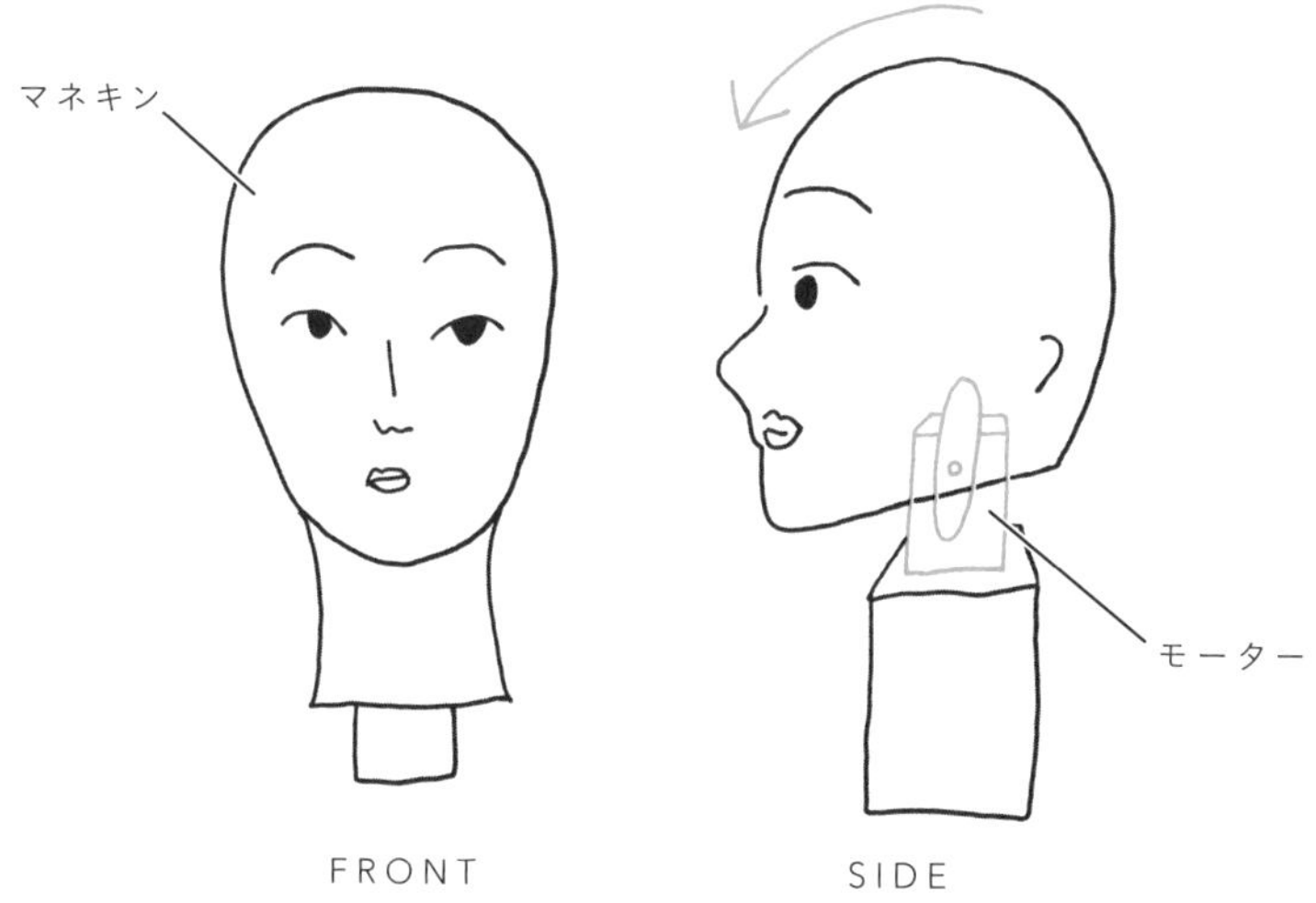

話しかける声に反応してモーターが動き、
肯定するようにうなずいてくれる。

43

「生理的欲求」から考える

マズローの5段階欲求の中の「生理的欲求」から見つけられるアイディアについて考えていきたい。生きていくための最も基本的な欲求のことだ。

とくに「排泄欲・食欲・睡眠欲」が3大欲求などと呼ばれる。これらは、ふだんはそこまで強く意識することはないかもしれないけれど、たまに何かが起こって、こうした欲求が急激に高まることがある。

高速道路で渋滞に巻き込まれたときに感じる尿意や、深夜にSNSで目に入ったラーメンの画像、午後の仕事中に襲ってくる睡魔など、欲求が最大化したシチュエーションを思い浮かべて、その解決方法を考えてみよう。その場でおしっこを漏らすとか、会社で堂々と寝ちゃう、といった直接的なことはいったんナシにしてほしい。

既存のサービスを例に出すと、映画を見ている最中にトイレに行きたくなってしまう問題からつくられた「RunPee」というアプリがある。映画の途中でトイレに行くと、帰ってきたころには話についていけなくなってしまう心配があるけれど、このアプリは「トイレに行っても今後のストーリー展開を理解するのに問題のないタイミング」を教えてくれるのだ。

深夜にSNSでラーメンの画像が目に入ってしまうという問題は根深い。食べたくなってしまうからだ。

深夜に食べたら健康の面でも美容の面でも悪いことはわかっているが、欲求が最大化した化け物になってしまい、ラーメン屋やカップラーメンを買いにコンビニに行く自分を誰も止められない。こういった欲求が最大化して暴走している状態をどうやったら止められるだろう？

おしっこを我慢しているときや睡魔に襲われているときなど、強い生理的欲求に襲われているときはアイディアを考えるチャンスだ。「こういうものがあったらいいのに」を思う存分想像しよう。それどころじゃないかもしれないけれど。

考えてみる

「深夜にラーメンを食べたくなる」という欲求をどうすれば解消・解決することができるか、考えてみよう。

わたしの場合は、ＳＮＳでラーメンの画像を見てしまうことが欲求のトリガーになっているので、これを解決する方法を考えることにした。そこで、インターネット上のラーメンの画像を、「おいしそう」とは正反対にある「ネジ」に置換するアプリはどうだろう。食欲がなくなりそうだ。

ラーメンの画像をすべてネジにするアプリ

インスタ上のラーメンの画像を認識すると、
すべてネジの画像に変えてしまう。

考える術

44

「めんどくさい」から考える

寝ながら漫画を読んでいるときに、漫画から手を離してポテトチップスを取るのがめんどくさい。片手を離すと本が閉じ、その動きでバランスを崩して本が手から落ちてしまうときがあってイライラするし、ポテトチップスをつかんだ油まみれの手を拭《ふ》くのもめんどうだ。

ここまで、「欲」という少し抽象的なテーマで話を進めてきたが、「わたしはあんまり欲がないなー」と考えが進まない人もいたかもしれない。

そんな人は、生活の節々にある「めんどくささ」から考えると簡単だ。

生活の中での「めんどくささ」に気づくには、「いつも後回しにしていること」を挙げていくといい。

シンクに溜まった洗い物だとか、トイレットペーパーがなくなったのにそのままにしていたり、買った本を読まずに積んでいたり。こういった後回しにしている行動を挙げ、「どうしたらめんどくさくなくなるだろう」と考えていくと、アイディアのきっかけがどんどん現れてくる。

考えてみる

最近感じた「めんどくさいこと」を思い出してみよう。
またそれを解決するためのアイディアを考えよう。

先ほど挙げたように、わたしは漫画を読みながらポテチを食べるときにめんどくささを感じている。自分の手を使わずに、漫画を読んでいるときにポテチが自ら口の中に入ってくれれば、この問題は解決できそうだ。

そこで、モーターを使った「手を使わずにポテチが食べられるマシーン」を考えた。

手を使わずにポテチが食べられるマシーン

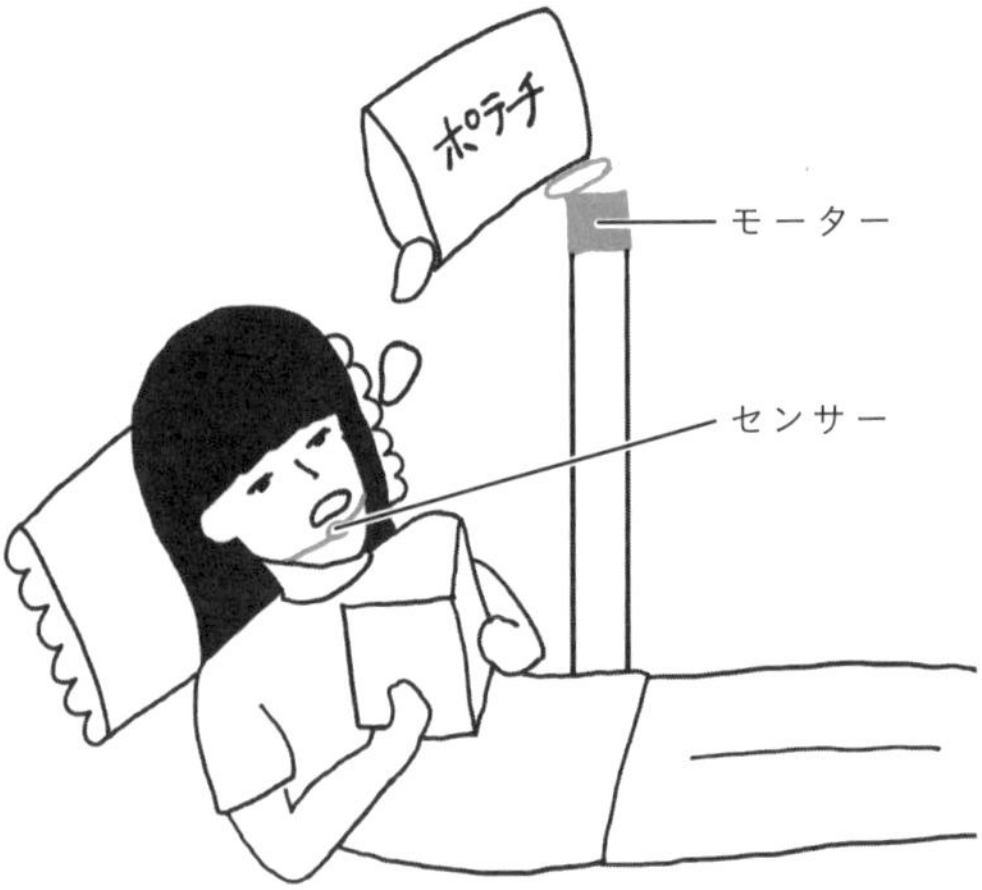

口が開いたらセンサーが反応し、
モーターが動いてポテチが落ちる。

45

「行動を変えずにいられる方法」を考える

メガネをかけている人は共感してくれるかもしれないが、メガネのレンズが汚れたとき、Tシャツの裾《すそ》で拭いてしまうことがある。メガネ拭きを取り出すのが面倒なのだ。しかし、シャツの裾ではメガネ拭きほどきれいに汚れが落ちない。むしろ、よけい汚くなるときもある。

それでもTシャツの裾で拭いてしまうのは、めんどくさがりの性《さが》だ。だったら、「メガネ拭きの素材でできたTシャツ」があれば、すべてが解決されるのではないだろうか。

メガネをTシャツの裾で拭くという行動は、メガネをかけているめんどくさがりの人には遺伝子レベルで刻まれている行動であり、このような「パターン化した行動」を変えるのは難しい。

そこで視点を変えて、「こうした行動は絶対に変えられない」という前提に立って考えてみるのだ。すると、ストレートに解決しようとするときとは違ったアイディアが見えてくる。

タバコのポイ捨てが多い場所に「ポイ捨て禁止」と看板を立てても、捨てる人は捨てる。では、「人は絶対にポイ捨てをする」という前提に立って考えたら、どんな解決策を考えられるか。

灰皿を設置することも解決につながるだろうし、その一帯の地面自体を巨大な灰皿にしちゃってもいいかもしれない。

こうした視点から考えていくと、どんなアイディアが出てくるだろう。

テーブルの上にあるテレビのリモコンを取るのがめんどくさくて、足で取ってしまう（↓足でつかみやすいリモコンをつくる）。領収書を整理するのが面倒で、そこらへんに散らかしてしまう（↓適当に放り込むだけで分類できるボックスをつくる）。

できるだけ行動を変えずにすむ方法を考えていくと、画期的なアイディアが生まれそうだ。

考えてみる

最近感じた「めんどくさいこと」を思い出してみよう。
自分の行動は変えずにそのめんどくささを解消できるアイディアを考えよう。

わたしは「漫画を読みながらポテチ食べるのがめんどくさい問題」について考えた。前項で出した「ポテチマシーン」は、ポテチを口に入れる動作をモーターに行わせていたが、自分自身でポテチをつかみ、なおかつ漫画もめくれる方法はないだろうか。思いついたのは、「トング付き手袋」だ。手袋に覆われた指の腹でページをめくり、その先にあるトングでポテチをつかむ。そうすれば、行動を変えずにこの問題が解決できそうである。

トング付き手袋

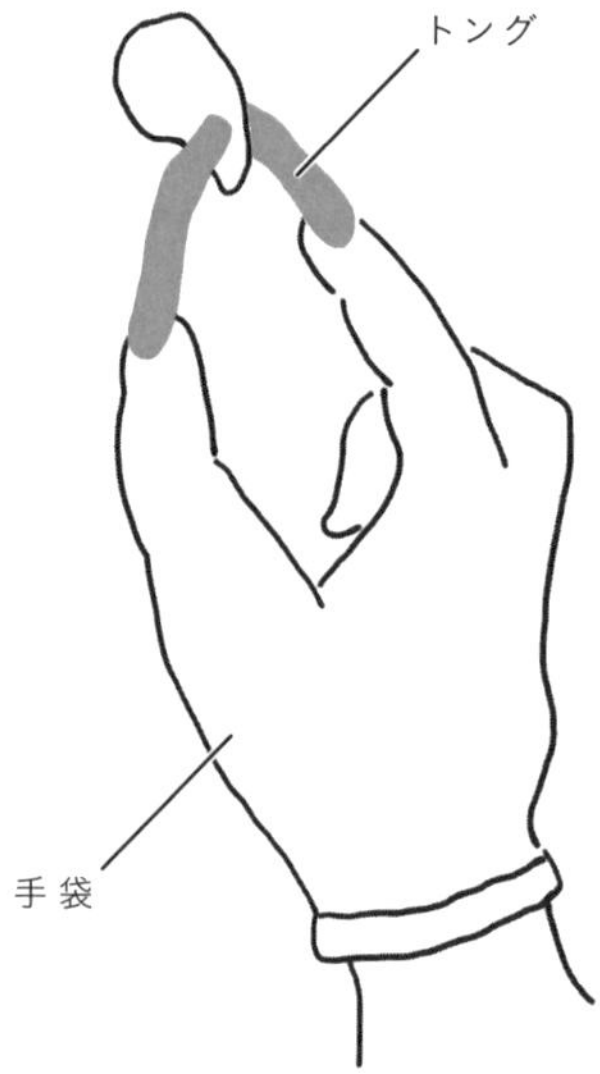

ポテチはトングでつかみ、
漫画は指の腹でめくることができる。

46

「7つの大罪」から考える

唐突ながら、「7つの大罪」ってすごいものだなと思う。

7つの大罪とは、4世紀にカトリックの修道士が執筆した『修行論』をもとにした教えで、人間を罪に導いてしまう「傲慢《ごうまん》」「強欲」「ねたみ」「怒り」「色欲」「貪食《どんしょく》」「怠惰《たいだ》」の7つの想念を指す。

いまさらながら急にすごいなと思った理由は、21世紀になっても人類はこの想念に負け続けていることに気づいたからだ。どっかのタイミングで打ち克て、人間。

とはいえ、この7つの想念は、マズローの5段階欲求と同じく、アイディアのきっかけになる。

ここでは「傲慢」「強欲」「色欲」「貪食」「怠惰」という5つの欲望に注目してみる。

この5つの欲望を満たせる既存のサービスにはどんなものがあるだろうか。

- **傲慢**：自尊心を保ちたい、いばりたい↓キャバクラ、ホストクラブ
- **強欲**：お金やモノが簡単にほしい↓ギャンブル
- **色欲**：性欲を満たしたい↓性風俗産業
- **貪食**：いっぱいご飯を食べたい↓ファストフード
- **怠惰**：やるべきことをしたくない↓家電、家事代行サービス

欲望に負けてしまうどころか、人の弱さを突いて金儲けにしてしまっている。罪深すぎるぞ、人間。

この5つの欲望は誰にでもあるものだが、その欲望の充足を求めていることを本人は意識しにくい。

とくに「傲慢」なんかは、もしひそかに抱いていたとしても「ああ、誰かを見下していばりたい」とは素直に思えないはずで、ふとしたときに無意識にいばったり人を説教したり見下したりしてしまうものだ。

こうした無意識的な欲望に気づくことからアイディアは生まれる。それも、何千年も克服できていないような強烈な欲望なら、より普遍的なアイディアにつながるはずだ。

47

「嫌な自分」を見つめる

自分が無意識に持っている欲を意識するために、恐れずに「嫌な自分に気づきまくる」という方法をおすすめしたい。

また、自分自身の素直な欲望をしっかりと言葉にすることも大切だ。

わたしは年下と飲んでいるとき、つい上から目線でアドバイスをしてしまうことがある。

アドバイスしているときはとても気持ちがよく、後輩の「なるほど！」という相槌《あいづち》がさらに自分を高揚させる。数年前は、こんなふうにアドバイスしてくる年上のやつらが嫌で嫌でたまらなかったのに、いまはそっち側になっている。傲慢な自分が嫌いだ。でも、この気持ちよさから逃れることはできない……。

自分の欲望や、そんな欲から起こるジレンマに気づいたとき、「これを前向きに解消するにはどうすればいいか」と考えることでアイディアが生まれる。

人間の欲望はけっこう複雑である。しかし、自分自身の欲望に素直になることで、感情の機微を理解することができる。自分のモヤモヤとした欲望や感情の機微を言葉にすることでアイディアを考えやすくなる。自分の心に刺さるアイディアのかたちをじっくりと探るのだ。

考えてみる

あまり人には言えない自分の性格の悪い部分をちょっとだけ言葉にしてみよう。また、それを解決できる方法を考えてみよう。

先ほど告白したように、わたしは後輩に傲慢に振る舞ってしまうときがある。何かそういう欲求を解消できるサービスがあったらいいのに……。自然にいばりつつ、アドバイス欲を満たせるものがあったら……。

じゃあ、「将来をあんまり考えずに実家でダラダラしている年下のスタッフしかいないバー」というのはどうだろう。これだと自然と説教したくなるから、後輩を犠牲にすることなく、傲慢の欲望を満たすことができそうだ。

考える術

48

「ドロドロ」をかわいくする

「欲望の解消」からストレートにアイディアを考えると、お金儲けとかモテる方法みたいなものばかりが思い浮かんで、下品になってしまいがちだ。先ほど考えた「実家でダラダラしているスタッフのいるバー」も、ネガティブすぎるアイディアだ。

そこで、下品やネガティブになってしまうことを避けるために、できるだけ「かわいさ」を意識して、欲のドロドロ感をマイルドにしてほしい。

簡単にいうと、「お金をいっぱい稼ぎたい」という欲求があったとして、そこから「詐欺《さぎ》でもなんでもしてお金を稼ぐ」という方向で考えるのではなく、「お金のなる木を育てる」とファンタジーに考えていく。

そうすれば、じゃあ、お金のなる木ってどうやったらつくれるんだろう……などと、他の人が考えない、すてきな方向に考えが広がっていく。ネガティブな欲望をスライドさせて考えることで、アウトプットしやすいアイディアになっていくはずだ。

自分

また、「自分はなぜその欲望を感じるのか」と自分の心を掘り下げていくことでも、欲望を個人サイズのマイルドなものにすることができる。

「お金をいっぱい稼ぎたい」という欲望を、自分はなぜ感じるのか。

わたしの場合、「いい暮らしがしたいから」だ。

では、「いい暮らしとは何か?」。

これについては、答えは人それぞれになるだろう。そうやって、少しずつ「自分のこと」に落とし込むことで、独自のアイディアにつなげていく。

わたしにとって「いい暮らし」とは、「好きなときに回らない寿司を食べられることがそうだと思っている。

こうなったら、最初の「お金をいっぱい稼ぎたい」というテーマを、「好きなときに回らない寿司を食べたい」にシフトして考えることができる。

「お金をいっぱい稼ぐ方法」を考えるとなると悪いアイディアばかりが出てきそうだし、たくさんの人が考えていることなので、そこから新しいアイディアを発想するのは難しい。

しかし、「好きなときに回らない寿司を食べる方法」は、誰も考えていないうえ、ゴールが具体的なので、解決への道がシンプルになり、アイディアもイメージしやすい。感じた欲望をそのまま解消するのではなく、それをもう少し小さくて具体的なものに落とし込めないか考えるのだ。

考えてみる

「お金をいっぱい稼ぎたい」という欲望を自分なりに解釈して、それを叶えるための方法を考えよう。

いま述べたとおり、わたしにとっては「好きなときに回らない寿司を食べられる」が「お金をいっぱい稼ぎたい」理由である。回らない寿司を食べたいが、スーパーのパック寿司が限界である。

では、スーパーのパック寿司が高級店にいる気分で味わえたらどうだろう。たとえばVRの技術で、自宅で安い寿司を食べながらも、「久兵衛」のような高級店のカウンターからの眺めを見ていられるようにするのだ。

VRきゅうべえ

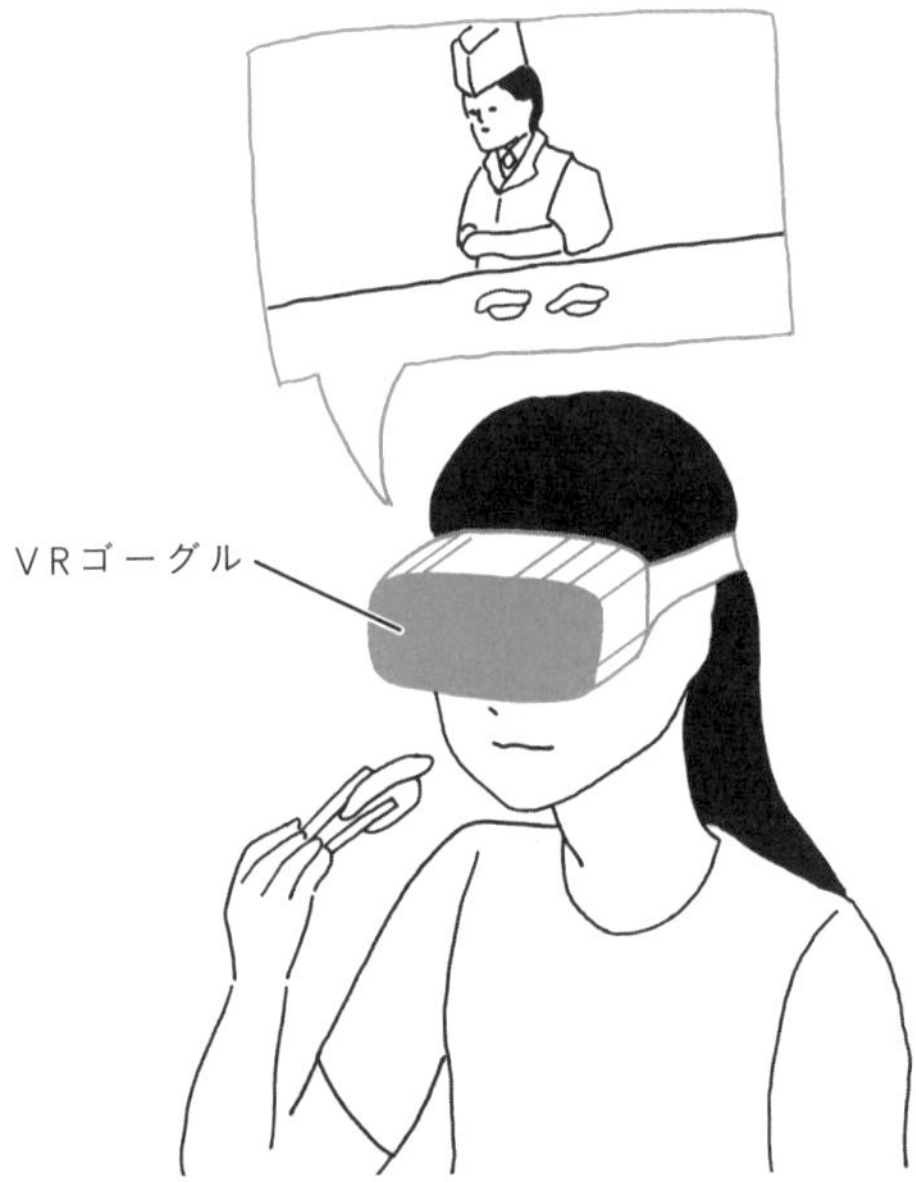

自宅でパック寿司を食べながら、
高級寿司店の気分を味わえる。

考える術

49

「巨大な欲望」から考える

自分の生活の中で感じる欲だけでなく、現実離れしたレベルの巨大な欲望から考えてみるのも、想像力を広げる方法だ。

たとえば、漫画に出てくるヒーローやヒロイン、ドラマで見かける大金持ちの暮らしなどから「自分もこれやりたいな」と思う憧れがあったら、そこからアイディアを考えることができる。

カンフー映画みたいに強くなりたい（でも実際は強くないから、「勝手に動き回ってくれるヌンチャク」をつくる）。

少女漫画みたいな恋をしたい（でも実際はそんな出会いはないから、「胸キュンシーンを再現してくれるロボット」をつくる）。

ドラマに出てくる天才物理学者みたいになりたい（でも実際は物理のことなんて何も知

自分

らないから、「考えごとをしているときに頭の上に数式を表示できるマシーン」をつくる)。

こうした非現実的な欲望も、いろんなアイディアのきっかけになるのだ。

わたしがやってみたいのは、「札束風呂」である。

こんなことを現実的にできるお金はない。というか、現に金持ちでもこんなことをやる人はいないだろう。

現実的にはできない理想をどうにか叶える方法を考えてみたい。

考えてみる

少ないお金で「札束風呂」ができる方法を考えてみよう。


「札束風呂」には大量のお札が必要だけれど、残念ながらわたしの全財産をもってしてもちょっとした水たまりくらいにしかならない。「札束水たまり」だと、めちゃくちゃ悲しい気持ちになる。ちゃんとお風呂レベルの水位までお札があるのを感じたい。

そこで、プロジェクションマッピングを使ったらどうかと考えた。プロジェクターで水面にお札の画像を投影するのだ。水がお札に見えて、ただのお湯なのに札束風呂に入っている気分になれる。

札束風呂プロジェクションマッピング

プロジェクターによってお風呂の湯に札束の映像を投影し、
札束風呂に見せる。自宅の小さな風呂に入りながら、
大金持ちの気分を味わえる。

50

「欲望」に打ち克つ

7つの大罪に話を戻すと、それは「大罪」というくらいだから、そもそもは人間が打ち克つべき欲望だ。「札束風呂プロジェクションマッピング」などと、欲にまみれたアイディアを出して喜んでいる場合ではないのだ。

最近、必要最低限のものしか持たない「ミニマリスト」といわれる人も増えているが、そうして生活をシンプルにするのも、それはそれでライフスタイルが楽になっていいようだ。

そもそも欲望に打ち克つのは、とても気分がいい。これも欲望に対する一つの解決策といえるだろう。

貪食の対義的な美徳には「節制」がある。ランチに外食ではなくお弁当を持っていったり、喫煙や飲酒の量を控えたりすればちょっとした達成感がある。

また、怠惰の反対は「勤勉」だ。効率的にさまざまなタスクがこなせるように努力している人も多いだろう。スキマ時間にアプリで英語の勉強をしたり、オーディオブックで本を聞いたり。

7つの大罪の反対の美徳を意識して、欲望に打ち克つ方法を考えていこう。

「7つの大罪」の反対の美徳

傲慢↕謙虚　強欲↕慈善／寛容　ねたみ↕感謝／人徳

怒り↕忍耐　色欲↕純潔　貪食↕節制　怠惰↕勤勉

考えてみる

自分が感じている欲望に対して打ち克つ方法を考えてみよう。

わたしの悩みでいうと、お酒を飲みながら通販サイトを見ていると、とくに必要でもないものがほしくなり、クレジットカードで衝動買いをしてしまうことがある。先日は、猿の絵文字のかたちをしたクッションを買ってしまった。そして、毎月、クレジットカードの請求額を見るのが怖い。では、お酒が入っているときは通販ができなくなる仕組みをつくれば、この問題は解決できるのではないか。

アルコール検知器付きパソコン

アルコールが検出されないと……

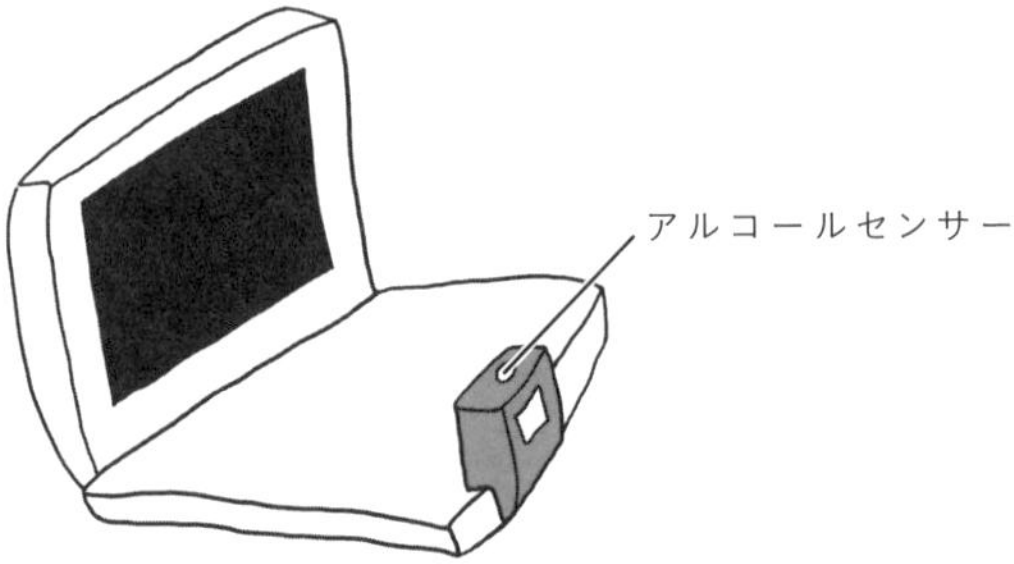

アルコールが検出されると……

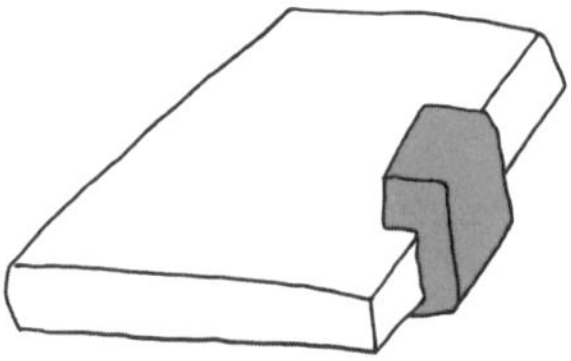

アルコールが検出されるとロックがかかり、
開かないようになる。

考える術

51

アイディアを「チェック」する

欲望をはじめとする「自分ごと」からアイディアを考えるとき、重要なのは客観的な視点だ。

先ほども触れたが、欲望から考えたアイディアは、不愉快だったり下品に思われる可能性があり、企画やイベントなど、世に出すアイディアを考えている際は、どこかのタイミングで一度立ち止まって客観視することが大切だ。

とくにわたしは、だいたい人と相談せずに一人で「無駄づくり」のアイディアを考えているので、公開する前に必ずアイディアを一度、冷静に見る時間を持つようにしている。

アイディアを客観的に見るためには、実際に人に見てもらうのがいいとは思うが、とくにそういう相手がいなければ、年の離れた会社の部下や上司、性別が反対の相手

自分

など、身近にいる自分とは感覚が違う人の顔を思い浮かべてみるといい。「あの人はどう思うだろう？」と、少し想像してみてほしい。笑うだろうか、怒るだろうか。

そうやって想像力を働かせて他人の気持ちになってみると、誰かを不愉快にさせてしまうかもしれない要素や、もっとおもしろくできる方法が見えてくることもある。

また、もう一つチェックしたいのが、「法に抵触していないか」だ。なんだそれ、と思うかもしれないが、アイディアがちょっとした犯罪になってしまうこともあるのだ。

以前、「お金をせびれるマシーン」をつくった。ウィキペディアの寄付を募る広告に着想を得たものだが、友だちと話しているときに、それとなく寄付を募るメッセージを出すというものだ。

つくって公開してから知ったのだが、これは軽犯罪法に違反する行為らしい。

軽犯罪法には「こじきをし、又はこじきをさせた者」は罰せられるとあるのだが、これに抵触してしまうようだ。ただ、マシーンをつくって公開しただけで、実際にせびったわけではないのでセーフではあった。また、「小銭を拾うマシーン」をつくっ

お金をせびれるマシーン

モーター
皆さまへ。私は平均￥1,500ほどの寄付で成り立っています。もしこのメッセージを読んでいる皆さまが￥800の寄付をしてくだされば、この募金活動は1時間以内に終わるでしょう。私は無職ですが、この世で生きていくために家賃、保険料、酒代といったコストがかかります。皆さまのご協力に心から感謝いたします。

友だちと話しているときにモーターを作動させると、
それとなく寄付を募るメッセージが顔の前に降りてくる。

たことがあるが、小銭を拾う行為は「遺失物《いしつぶつ》等横領罪」である。わたしは法に抵触しまくっている。

最初から他人の視点を意識しすぎるとアイディアがありきたりなものになってしまうが、最後には「他人の視点」を想像することも必要なのだ。

○　○　○

自分の心を観察しながらアイディアを考えていると、自分という人間に気づけることがいろいろと出てくる。

ちょっと性格の悪い自分や、ちょっとわがままな自分に気づいてしまったときも、「自分にはそんな部分もある」ということを受け入れて、そこから思考を広げてみてほしい。きっと、自分にしか考えられないおもしろいアイディアが生まれるはずだ。

Chapter

6

「情報」から考える

全然考えたことのない
ことを思いつく術

52

「情報」から考える

「何かいいアイディア、思いつかないかな」と、ネットサーフィンをしたり街を散歩したりすることはないだろうか。ぼんやりと、目に入ったものやいままでの経験、知っている情報などを頭の中で巡らせて、ひらめきを待つ。

こういった考え方は、「情報から考える」とカテゴライズすることができそうだ。テレビやラジオ、インターネット、それに街の風景など、世の中はたくさんの情報であふれている。そういった情報はわたしたちにさまざまな感情や欲求を与えてくれて、それがアイディアのきっかけとなる。

テレビドラマを見ていたら、合コンで、女の人がサラダを取り分けることで自分の魅力をアピールしているシーンがあった。それを見てわたしが感じたのは、「サラダ取り分けるの、めちゃくちゃめんどくさそうだな」だ。

わたしは合コンに行ったことがないが、テレビから得られる情報でそれに対する感情が浮かんでくる。サラダを取り分けるのが趣味だったりすれば楽しく感じるかもしれないけれど、他人の分のサラダを取り分けるなんてめんどくさそうだ。でも、合コンでモテるためにはそういった努力が必要なのだなと思う。

さらに考えを巡らせていると、「サラダを取り分けるのは面倒だけれど、いいところを見せるため、サラダを取り分けたい」といった「欲求の矛盾」が生じてきた。これが起点になって、次ページのようなアイディアを思いついた。

このように、インプットした情報から問題を見つけ出し、アイディアを考えていくことができる。

ここまでの章では、自分の生活の実感から考えることを中心にしてきたが、本章では、さまざまなメディアからの情報を積極的に受け取ることで、自分の生活とはかけ離れたアイディアにまで思考を広げていく方法を紹介する。

情報

合コンでサラダを取り分けてくれるマシーン

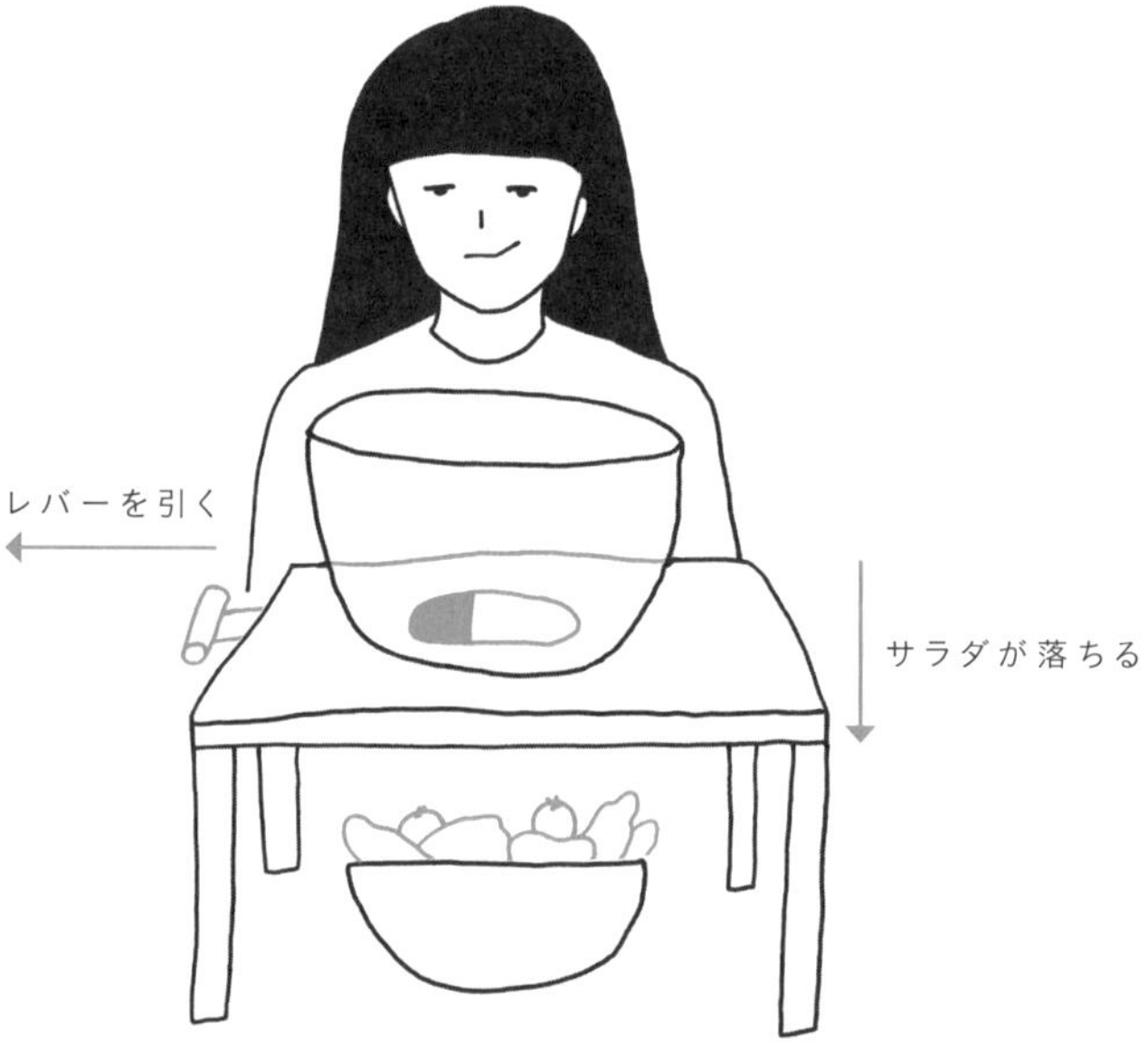

レバーを引くと底が開いて、
下に設置した皿にサラダが落ちる。
何も考えずにサラダを取り分けることができる。

53

「感情移入」する

街を歩いていると、いろいろなことに気づく。

わたしは、知らない人が自分はしない行動をしていることに注目して、その人たちが抱えていそうな問題を、勝手に考えたりしている。

先日ラーメン屋に行ったときは、目の前に座っていた人がメガネをかけていたのだが、ラーメンを食べるときに湯気でメガネが曇っていた。「うお」と、思った。わたしはふだん、コンタクトレンズをつけているので、メガネが曇る経験はあまりない。

自分の体験ではないけれど、「湯気でメガネが曇る」というその人の問題を想像することで、自分のことを考えるだけでは出てこないアイディアを考えることができる。

また、目に映るモノに対して感情移入することでもアイディアを考えられる。

メガネが曇っている人に対しては、勝手に「恥ずかしいだろうな」と感情移入して考えたのだが、無機物に対しても同じような想像をすることができる。無機物の感情を勝手に推しはかり、問題を浮かび上がらせるのだ。

あまりスポットライトの当たらないモノに対しては、切なさを感じる。

たとえば、カラーコーンとか。ボロボロになったカラーコーンを見ると、ちょっと切ない気持ちになる。もっとオシャレをして目立たせてあげられないものか、と考えたりもする。

また、無機物に惨《みじ》めさを感じるときもある。

鳥よけのために畑に吊るされているCDを見ると、切ないような惨めなような気持ちになる。CDたちはきっと音楽を聞いてほしいのに、まったく別の使われ方をされていてかわいそうだ。その惨めさを解消するにはどうすればいいだろうか。

反対に、無機物からポジティブな感情を想像することもできる。わたしは風で飛んでいるビニール袋を見ると、「なんか楽しそうだな」と感じる。こういった感情移入も、アイディアにつながる。

考えてみる

畑に吊るされたＣＤの惨めさをなくすには
どうすればいいか、考えてみよう。

わたしが考えたのは、「畑に吊るされたＣＤだけのクラブイベント」だ。吊るされたＣＤたちを、一夜だけでも本来の用途として使ってあげたら、彼らも浮かばれるのではないだろうか。

畑に吊るされたCDのクラブイベント

畑に吊るされたCDだけを、一晩中ひたすらかけていく。
酷な環境にいた傷ついたCDなので、かなり音が飛んだりするが、
そのノイズがフロアを沸かす。

54

「思い出」から考える

過去の自分を手がかりにして、アイディアを考えていくこともできる。

いまはやらないけれど過去にやっていたこと、20代前半の若いときの思い出、または高校生、中学生、小学生と、それぞれにたくさんの思い出があると思う。

これらを思い出して思考を広げていくのだ。

ここでは「消しゴム」をテーマにしてみよう。消しゴムに何か思い出はあるだろうか。

小学生のときに流行っていた消しゴムを使った遊びとか、昔使っていた消しゴムの色やかたちなど、過去の思い出を探ってみてほしい。そしてその思い出から、消しゴムにまつわる「問題」を見つけてみよう。

わたしは消しゴムを見ると、小学生のときによくやっていたおまじないを思い出す。

好きな人の名前を消しゴムに書いて、すべて使い切ると両思いになるというものだ。

でも、すべて使い切ったためしがない。消しゴムをすべて使い切るのはけっこう難しいのだ。

それに、仮に使い切れたとしても時間がかかりすぎる。1つの消しゴムを使い切るのには数か月、下手したら数年かかってしまうかもしれない。すぐに両思いになりたい場合、このおまじないに頼るのは厳しい。

こうして、思い出から「おまじないのために消しゴムを使い切りたいのに、使い切れない」「長期戦すぎる」という2つの問題が浮かび上がった。


具体的なシチュエーションを思い返すことで、アイディアのきっかけとなる問題が見えてきた。当時はとくに意識していなかったことでも、時間をおいていま改めて振り返ると、「こんなところに問題があった」と気づくことができる。

モノには過去を振り返らせる力がある。そしてその過去は人それぞれなので、同じモノを見ても、考えることは人によって少しずつ違うはずだ。思い出から考えるとそうした差異が必ず出てくるので、アイディアがユニークなものになりやすい。

考えてみる

消しゴムの思い出から、思考を広げてアイディアを考えてみよう。

わたしは「おまじない」からアイディアを考えてみたい。問題は、使い切るのにめちゃめちゃ時間がかかるということだ。では、全自動で消しゴムを使ってくれるマシーンがあったらすべて解決するのではないだろうか。

おまじないチートマシーン

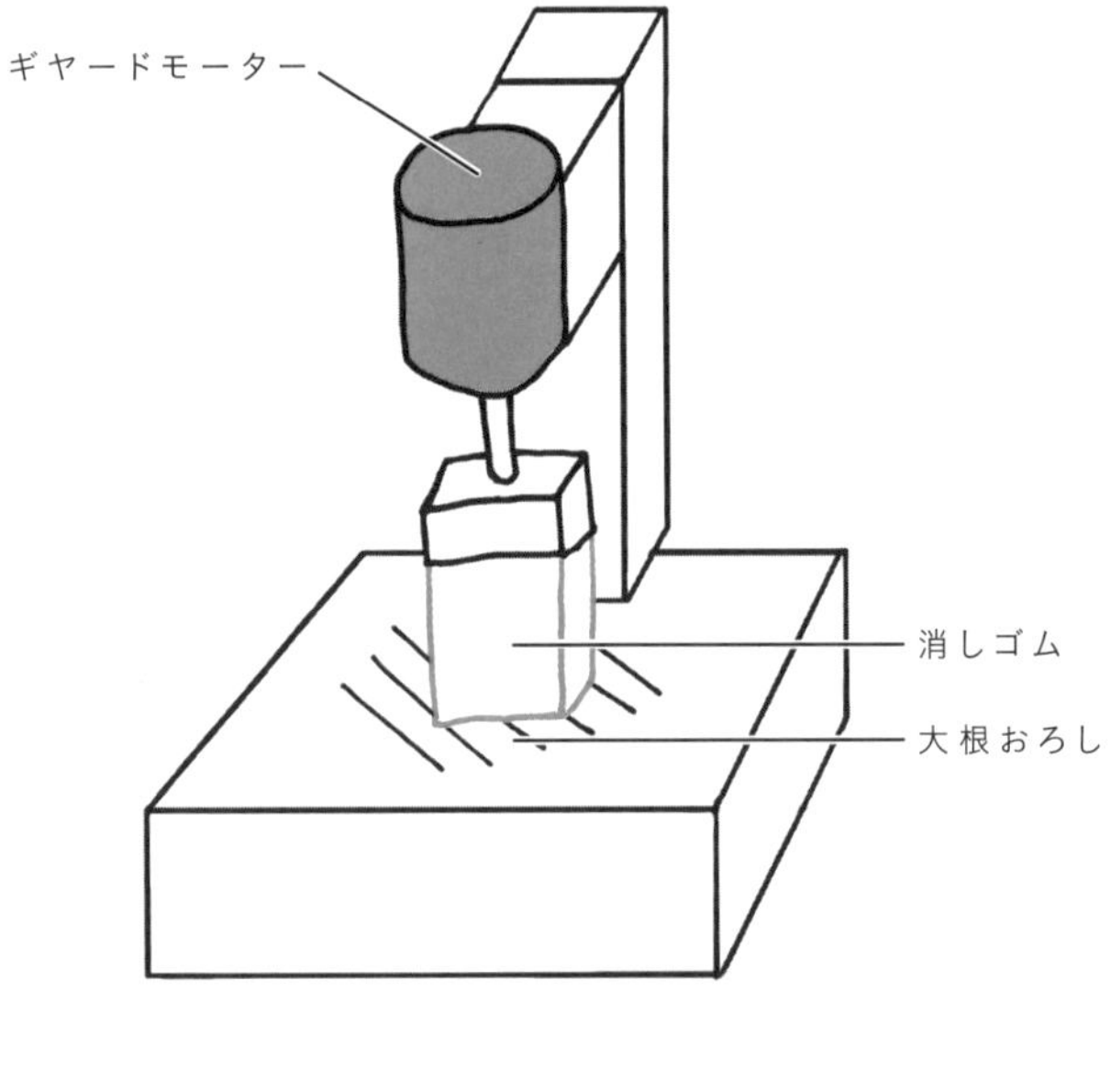

モーターの力で次々と消しゴムを
使い果たすことができる。

55

「ネット」から考える

アイディアを考えているとき、なんにも思い浮かばないのであれば、どんどん情報に当たってほしい。目に入るさまざまなものがアイディアのきっかけになる。その際、意識的に「問題」を探すようにするとアイディアにつながりやすい。

街に出て人やモノを観察するのもいいけれど、街に出ずともネットから情報を得ることもできる。インターネットを見ているだけで、自宅に居ながらにしていろんな人たちの考え方や行動の情報を収集できる。

わたしがよくするのは、「困った」や「不便」などが含まれたツイートを検索することだ。こうすることで、わたしとは年齢や性別、所属も違う人たちのリアルな困りごとを知ることができる。他人の困りごとをきっかけにすると、自分にとっても新鮮なアイディアが生まれてくる。

いまツイッターで「困った」と検索してみると、会社員らしき男性が「変な寝癖がついて困った」と、つぶやいていた。わたしはあまり寝癖に困ったことはないのだが、たしかに朝の忙しい時間に変な寝癖を直せず会社に行かないといけないとなると困りそうだ。

とくに注意せずに見ていたら気にもとまらないような投稿だけれど、自分のアイディアのことを念頭におきながら、他人の問題を意識的に探して拾っていくことで、自分の問題意識からは出てこない新しい切り口や視点に気づくことができる。

考えてみる

SNSで他人の困りごとを検索し、それを解決するアイディアを考えてみよう。

先ほどの「寝癖」からアイディアを考えると、忙しい朝でも髪形が直せるマシーンがあれば便利だと考えた。通勤中に朝シャンができる「ポータブル朝シャンマシーン」で、あの会社員のお悩みを解決したい。

ポータブル朝シャンマシーン

シャワーと水タンクを結合、
リュックとして背負えるようになっている。

情報

56

「テレビ」から考える

インターネットは自ら検索して情報を選別できるが、テレビやラジオなどはそれが難しい。テレビをつけると、さまざまな情報が勝手に流れている。ネットは能動的に見れるが、テレビを見るとき、こちらは受動的になるしかない。

しかし、受動的だからこそ、興味の範囲外の情報を得ることができる。勝手に流れてくる情報を刺激にして、連想したり思い出を振り返ったりすれば、さまざまな感情や欲求が湧いてきて、思考を前に進めることができる。

テレビをつけて、自分の興味の範囲外の番組をぼんやりと見てみてほしい。

たとえばワイドショーが流れていて、「季節の遊園地の楽しみ方」の特集をやっているとする。そうすると、そこから遊園地をテーマに思考を広げることができる。わたしの場合は、「そもそも遊園地に行く友だちがいないな……」という悩みが浮かかんできて、その解決方法を考えることで、「無駄づくり」のアイディアにつながっていく。テレビは、考えるテーマをくれる魔法の箱みたいなものだ。映像がどんどん移り変わるのも思考を刺激してくれてちょうどいい。とくにワイドショーはテーマが毎分変わっていく。

また、テレビは広い視聴者層に向けて番組をつくっており、専門知識や前提となる情報を知らずとも楽しめるように工夫されていることがほとんどだ。そのため、テレビを見ると、社会全体の平均的な知識について感じ取ることができる。

たとえば、少し前はユーチューバーという職業はまったく一般的ではなく、テレビでユーチューバーが紹介されるときもスタジオにいる芸能人たちが「こんな人たちがいるのか！」とびっくりするようなリアクションを取っていたが、いまはユーチューバーという存在については誰でも知っているという前提で番組が進む。

こうした部分を見ていると、ものごとに対する世間での認知度を感じ取ることができる。

これはアイディアを考えるときの参考になる。

一般にどういうものが「新しい」とか「おもしろい」と認知されているかを押さえ

ておくことで、多くの人に伝わりやすいアイディアを考えることができる。

テレビから情報を得るということは、ごく一般的なレベルにまで落とし込んだ情報を得られるということでもあるのだ。


テレビを見ることはインターネットなどと比べると受動的だ。しかし、考えるお題を無限に出してくれたり、世の中の一般的な知識のレベルを感じ取ったりできるという点では、テレビはアイディアのためにとても役に立つメディアなのだ。

○　○　○

情報を積極的に受け取ることで、自分の生活にはないものに気づくことができる。

そして、雑多な情報から思い出にひたったり、他人やモノに感情移入をしたりと想像をふくらませることで、新しい視点からアイディアを生み出すことができる。

テレビやインターネット等のメディアをうまく使いながら、いろんなアイディアを考えていこう。

Chapter

7

「感情」から考える

自分らしさを
全開にする術

57

「感情のタネ」に気づく

自分の感情の機微にこそ、自分らしさが詰まっている。何かを見て揺れ動く感情から思考を広げていくと、より自分らしい考えが生まれてくる。

あまり感情が表に出ない人だって、その中にはさまざまな感情が渦巻いているはずである。それらを一つずつすくってていき、考えるきっかけにしてみよう。

わたし自身は、ネガティブな感情にとても敏感だ。嫉妬《しっと》とか悲しさを人より敏感に感じている。街でカップルが仲良くしているのを見ていると、嫉妬に狂いそうになる。というか、狂った。

そして「カップルが別れたときにお知らせしてくれるマシーンをつくろう」と思いたち、「カップルが『別れました』とつぶやくと光るライト」を制作した。ツイッターで「別れました」というツイートがされるたびに、わたしの卓上にあるライトが淡く光るのだ。これで、「ああ、いまカップルが別れたんだなあ」と思うことができる。

カップルが「別れました」とつぶやくと光るライト

Twitterで「別れました」の新着ツイートがあると、
サーバーを経由して
インターネットにつながったライトが光る。

陰湿すぎて自分でもちょっと引くくらいだけれど、このように感情に突き動かされるままアイディアを発想することは楽しく、また、その感情から自分自身を救い出せるような効果もある。

同じものを見ても、それぞれの人がそれぞれ違った感情を抱くのだから、感情から考えていくことで、自分だけのアイディアを生み出すことができる。

考える術

58

「エピソード」を思い出す

わたしたちは、つねにいろいろなことを感じながら生活している。SNSを見ているだけでも、動物のかわいい動画に癒《い》やされてシェアしたり、暴論を目にしてムカついてコメントしたり。

そんな生活の中で湧き出てくる感情たちは、どれもアイディアを考えるのに一役買ってくれる。

ネガティブな感情

絶望／怒り／苦悩／悲しみ／劣等感／空虚

苦しみ／恥ずかしさ／恨み／嫉妬／緊張／罪悪感

感情

ポジティブな感情

感動／満足／快感／幸福／安心／愛しさ／期待／尊敬／リラックス

モヤモヤした感情

優越感／シャーデンフロイデ／サウダージ（エモい）／切なさ／困惑／不安

感情にはさまざまなものがあるが、3つのボックスに分けてみた。

最初のボックスは、ネガティブな感情を集めた。ずっとは感じていたくない感情だ。「この感情から脱するには何がどうなればいいだろう」と考えることでアイディアが生まれる。

次のボックスは、ポジティブなもの。「こうした感情をもっと持続するにはどうすればいいだろう」「いつでもこんな感情を抱くにはどうすればいいだろう」というところからアイディアを考えることができる。

最後のボックスは、モヤモヤするもの。ちょっと言葉にしにくいような感情だ。

たとえば「サウダージ」というのは、ポルトガル語で「楽しくて暖かい日々を思い出して懐かしいような切ないような気持ちになる」というニュアンスらしい。日本語でいうと「エモい」が似たようなニュアンスではないかなと思っている。エモいは、「エモーショナル」からきていて、懐かしいような切ないような複雑な気持ちだ。

また、「シャーデンフロイデ」という言葉はドイツ語で、人の不幸を見聞きして、なぜかうれしくなってしまうような感情だという。日本語の「他人の不幸でメシがうまい」、略して「メシウマ」とほぼ同義だ。

こうしたモヤモヤした微妙な感情は、「この感じを人とうまく共有するにはどうすればいいだろう」という方向で考えるとおもしろいアイディアにつながる。

考えるべきテーマに対して、それにまつわる感情を考えていくことで、思考を広げることができる。

ここでは「お風呂」をテーマにして、感情のリストを眺めながら考えてみよう。お風呂でどんな感情を感じたことがあるか、エピソードを思い出してみるのだ。

わたしがお風呂関係で抱いたことのある感情は、たとえばこういったものだ。

- **怒り**：栓をするのを忘れてお湯を張ってしまった。自分はなんでそんな不注意なんだ。

- **切なさ**：わたしは湯船を洗うのが面倒だから、お湯を追い炊きして3日は使い回す。でも、ぬるぬるの湯船に入っていると、なんだか切ない気持ちになってくる。
- **楽しさ**：子どものときによくお風呂で遊んで楽しかった。
- **困惑**：そういえば、必要だろうと思って洗面器を買ったけど一回も使ってないな。

テーマを絞って考えることで、ふだんならすぐに忘れてしまっているような微妙な感情を思い出すことができた。

ここから、「この感情から脱するにはどうすればいいだろう？」「この感情をもっと抱けるようにするには？」「この感情を共有するにはどうすればいい？」といった視点から何らかの問題を挙げて、解決方法を考えてみよう。

考えてみる

いま目の前にあるモノにどのような感情を抱いたことがあるかを思い出そう。その感情にもっとひたったり、その感情から脱したりできるアイディアを考えてみよう。

わたしはいまパソコンでこの文章を書いているので、パソコンに対して抱いたことのある感情から考えてみようと思う。まず最初に思い浮かぶのは、「フリーズしたときの苛立《いらだ》ち」である。

このネガティブな感情から脱するにはどうすればいいか。

たとえば、パンチングマシーンはどうだろう。叩くとパソコンの電源が強制的に落ちるパンチングマシーンがあったらこの感情は解消できそうだ。

強制終了パンチングマシーン

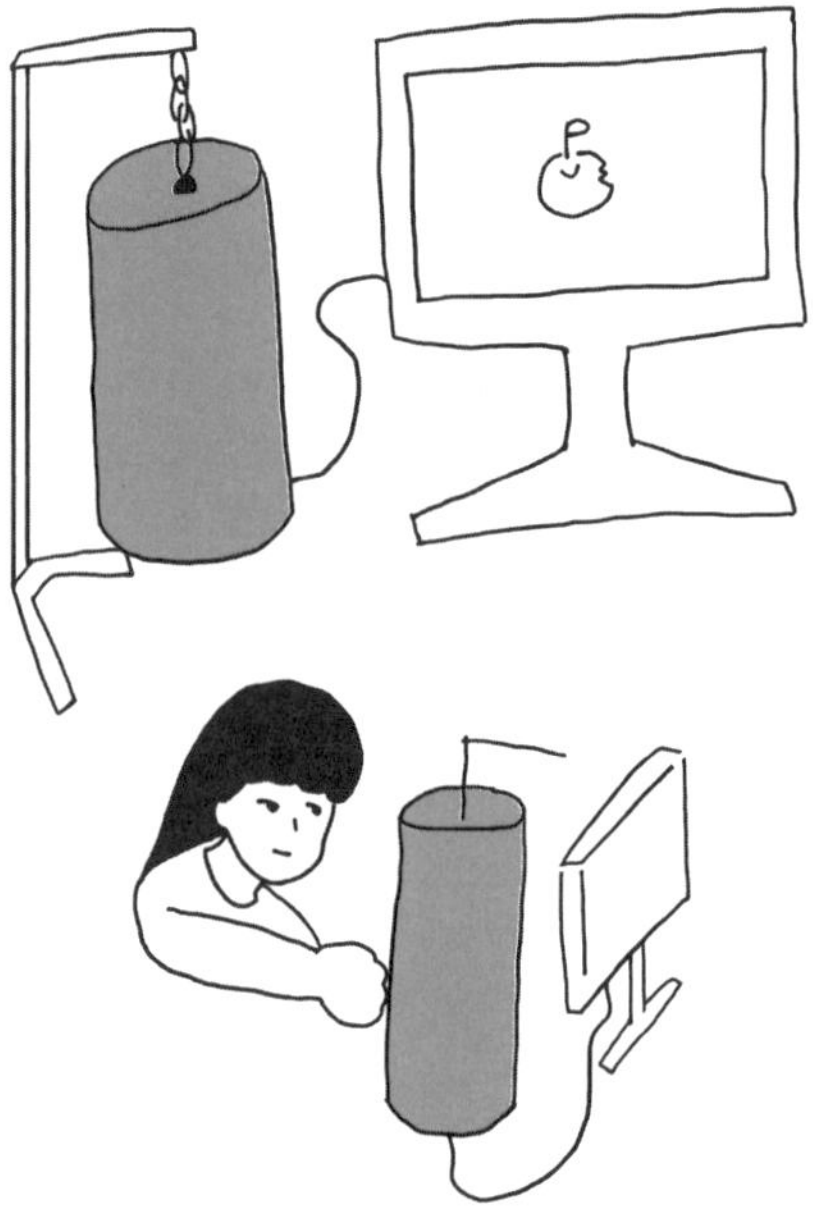

怒りにまかせてサンドバッグを殴ることで
PCを強制終了させられる。

考える術

59

「微妙な感情」を記録する

「感情からアイディアを考える」といっても、自分の感情を把握するのは意外と難しい。なので、ここからは少し、アイディアにつなげるための「感情の言語化」の方法について書いていきたい。

喜怒哀楽があまり表に出ない人もいる。でも、そんな人も実際にはいろんな感情を日々感じているはずだ。たとえば、「人と関わっているとき」の感情の揺れに目を向けてほしい。

人と関わりを持つときには、いろんな感情が湧いてきやすい。懇親会で変な人にからまれちゃったときの居心地の悪さや、満員電車でハンドバッグの角が脇に当たっているときの苛立ち、ずっと手をあげているのにまったくタクシーが止まってくれないときの疎《そ》外《がい》感《かん》。

自分と知人、自分と他人、自分と社会。その接点で感情は揺れ動く。そうした接点から生まれる感情は共感されやすく、いいアイディアにつながりやすい。

また、感情を文章にするのも手だ。なんとなく感じていることを、「書く」ことによって明確化するのだ。毎日、日記をつけてみてもいいし、ブログを使ってもいい。日々のことを記録する中で、自分が感じたことを整理する。誰に見せなくてもいいし、見せるとしても誰のためにならなくてもいいから、感情が揺れ動いたことを中心に書く。すると、フェイスブックで充実した生活をアピールするのとは真逆で、一見「どうでもいいこと」ばかりになるかもしれない。

わたしのブログを見返してみても、「いつも使っているトイレに入ったら、ゴミ箱がいつもと違う位置にあって怖かった」「仮面をつけて青山を歩いてみたが、誰も見向きもしないし、冷たい視線さえなくてさみしかった」みたいな、どうでもいいことを書いていた。

しかしこの文章を読み返すと、あの怖さやさみしさがいまでもわかる。こういうどうでもいいことから生まれたちょっとした感情をストックしていくことで、アイディアの引き出しが増えていく。

60

「無意識」を言葉にする

書くことが思いつかないという人は、「オートマティスム(自動筆記)」を試してみてほしい。これはかつてシュルレアリストたちが自意識や倫理にとらわれない作品をつくるために考え出した手法だが、何を書くかは決めずに、その場で思いついたことをひたすら猛スピードで書いていく。

コツは、とにかく「高速」で書くこと。

へこんでいるときの憂鬱やイライラした感情などがスルスルと言葉になっていく。たまに、とても物騒《ぶっそう》なことを書いてしまうこともある。

しかし、「もしこの文章が何かの間違いで公開されたら友だちを失うだろうな、大炎上するだろうな」といったことを一切意識せずに書くことで、意外な自分の感情に出合えることがある。

自分にはあまり感情がないと思っている人も、こうして書いてみると、自分の中には思いのほかいろんな感情が詰まっているということに気づけるはずだ。

もっとも、これはアイディアメモとしては使えないと思う。わたし自身、アイディアを考えるときはこのメモを読み返すことはない。見返してもぐちゃぐちゃで、そのままアイディアには直結しない。

わたしはむしろこれを、「感情を素直に言葉にするトレーニング」と捉えている。自分は「どんなシチュエーションで、どんなことを感じるのか」を日々意識し続けることで、ふだんなんとなく感じている感情をつかまえやすくなってくるし、他人の感情を想像することも増える。

そうやって日ごろからいろんな感情を意識していると、「こんなものをつくれば、こういう楽しい感情を再現できるのではないか」「こういう見せ方をすれば、この微妙な感情を伝えられるのではないか」といったアイディアもひらめきやすくなってくる。

考える術

61

「モヤモヤ」をつかまえる

生活の中で、はっきりとは意識しないながらも、モヤモヤとした感情を抱くことは多い。「切なさ」や「気まずさ」「困惑」「不安」など、心の中にぼんやりと漂う感情だ。モヤモヤとした感情というのは、なかなか言葉にしにくいものである。しかし、アイディアは言語化できることが増えるほど思いつきやすくなるものだ。こうしたモヤモヤとした感情を捉えることができるようになればなるほど、アイディアを見つけやすくなる。

生活の中でモヤモヤしたシチュエーションを思い返してみたい。たとえば、友だちと遊ぶとき、その友だちが別の友だちを連れてくることになった。その人とわたしは初対面である。ここまでは、まあモヤモヤしない。

3人で喫茶店に入ってわいわい盛り上がっていたが、友だちが「ちょっとトイレ行ってくる」と、席を離れた。友だちがいなくなった瞬間、急に話すことがなくなり、お互い当たり障りのない会話をポツポツとしながら用もないのにスマホを見る。

きっと、ほとんどの人が経験したことのあるモヤモヤするシチュエーションである。

日常の中には、このようにモヤモヤとした気持ちになることがしばしばある。気持ちよくはないけれど、怒りのような強い感情でもない。

そうしたモヤモヤを言葉にしていくことで、自分の微妙な感情の変化に気づくことができる。そんな気持ちをすくいとってアイディアにつなげられると、人の心に引っかかるようなものができる。

考えてみる

最近、モヤモヤしたことを思い出そう。
また、それを解決する方法を考えてみよう。

わたしは、初対面の人と会話に詰まってしまったときにモヤモヤを感じる。なので、会話を助けてくれるものがあったらうれしいと考えた。沈黙が続くと、会話に困っていることを検知して、盛り上がりそうなテーマを教えてくれるデバイスはどうだろう。

会話お助けデバイス

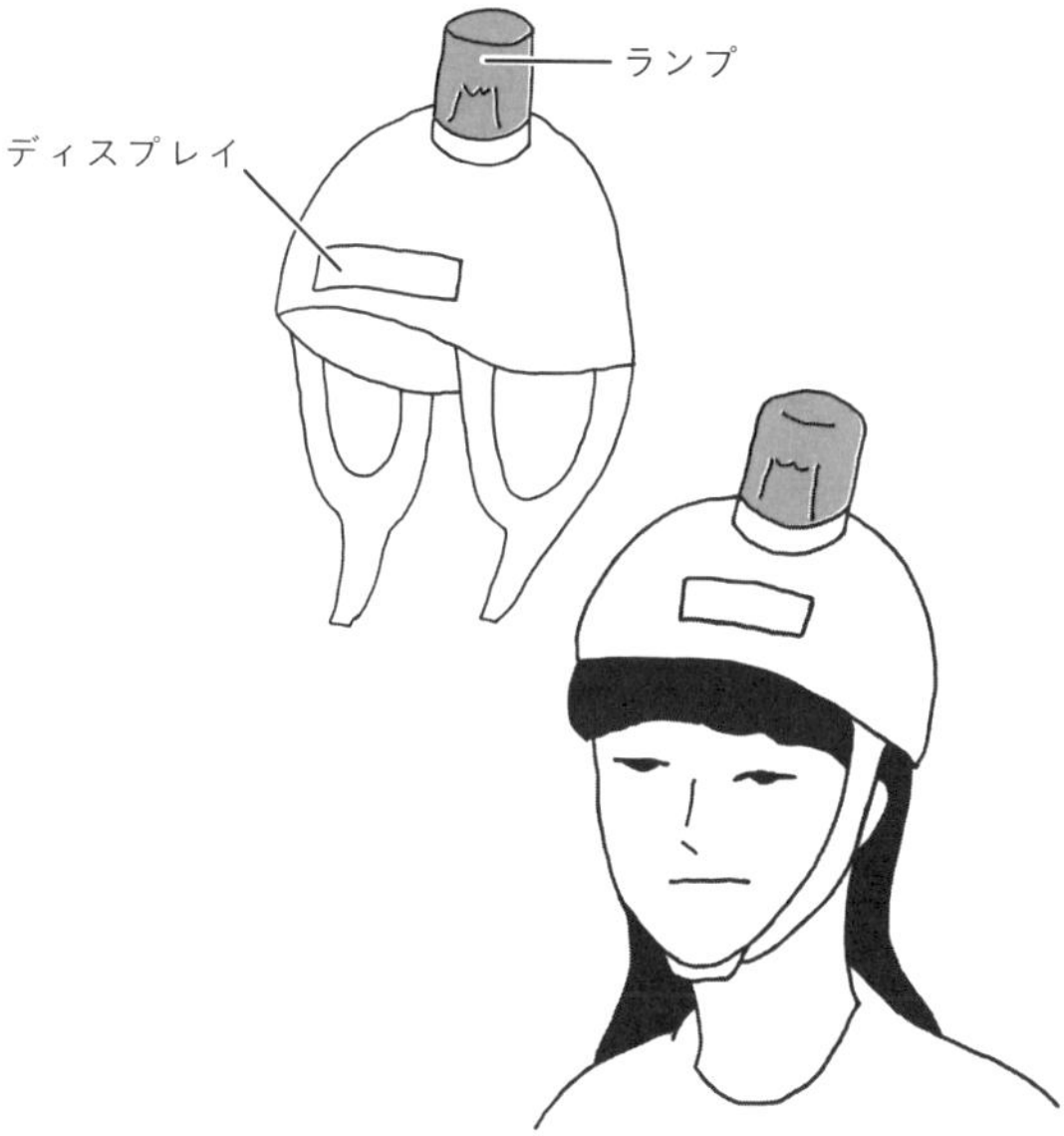

沈黙が一定時間続くとランプが点灯し、
ディスプレイに話題を表示してくれる。

62

「怒り」の落としどころを考える

わたしはネガティブな感情に意識が向きがちだといったが、実際、嫉妬や怒りといった感情をきっかけにして考えることが多い。こういった負の感情はメラメラと燃え、考えを次々と深めるエネルギーをくれる。なので、生活の中で感じる負の感情をなるべく蓄積するようにしている。

終電間近に駅前でキスをしているカップル、ねちねち嫌みを言ってくるパートのおばさん、活躍している同級生、大切なＤＶＤを借りパクしているあいつ……。

イライラしたり嫉妬したりする感情はとても攻撃的で、感じて楽しいものではない。しかし、その感情を噛み砕き、攻撃的な部分をあく抜きしていくことで、心地のいいアイディアへと変化させることができる。

怒りの感情から考えるときは、そのアイディアが誰かを攻撃することになっていいないか、いつにもまして客観的な視点からよく見つめ直し、不快さを減らすよう工夫する必要がある。人を攻撃せずに、他のかたちで感情の「落としどころ」をつくるのだ。

また、そのように解決方法を遠回しに考えたほうが、いままでにないようなユニークなアイディアが浮かびやすい。

借りパクへの怒りをアイディアに転換するなら、「借金取りみたいな人が来て借りパクを無理やり返させるサービス」ではなく、「借りパクされているDVDを抽選でプレゼントするキャンペーン」。このほうが平和的だ。

怒りの対象に対して、一度ふところ深く理解しようと考えるプロセスを通すことで、ネガティブな感情の攻撃性をあく抜きし、おもしろいアイディアを考えることができるのだ。

考えてみる

最近、ムカついたことを思い出そう。
そして、その怒りを解消する方法を考えてみよう。

わたしは、おしゃれな人がムカつく。理由は、わたしがおしゃれじゃないからだ。このあいだ、一張羅《いっちょうら》を着ておばあちゃんに会ったら、「服買うお金がないのかい？」と1万円を握らされて、一切の自信がなくなった。

おしゃれな服屋に入ると、店員がわたしを見て笑っている気がするし、表参道を歩いているときは、前から迫るモデルのような人たちに道を譲りまくって進めない。

おしゃれな人がいるから、わたしがこんな目にあうのでは……と思い、わたしは「全員ダサくなるARゴーグル」をつくった。このゴーグルをかぶると、目の前にいる人の洋服がすべてダサく見えるのだ。

ステューシーとかシュプリームとかの服を着ていたとしても、ヤンキーがよく着ている犬の刺繍《ししゅう》が入ったスウェットだとか、中学生がよく着ているドクロや英字がプリントされたロンTなどになってしまう。これがあれば、わたしの中で怒りが収まりそうだ。

全員ダサくなるARゴーグル

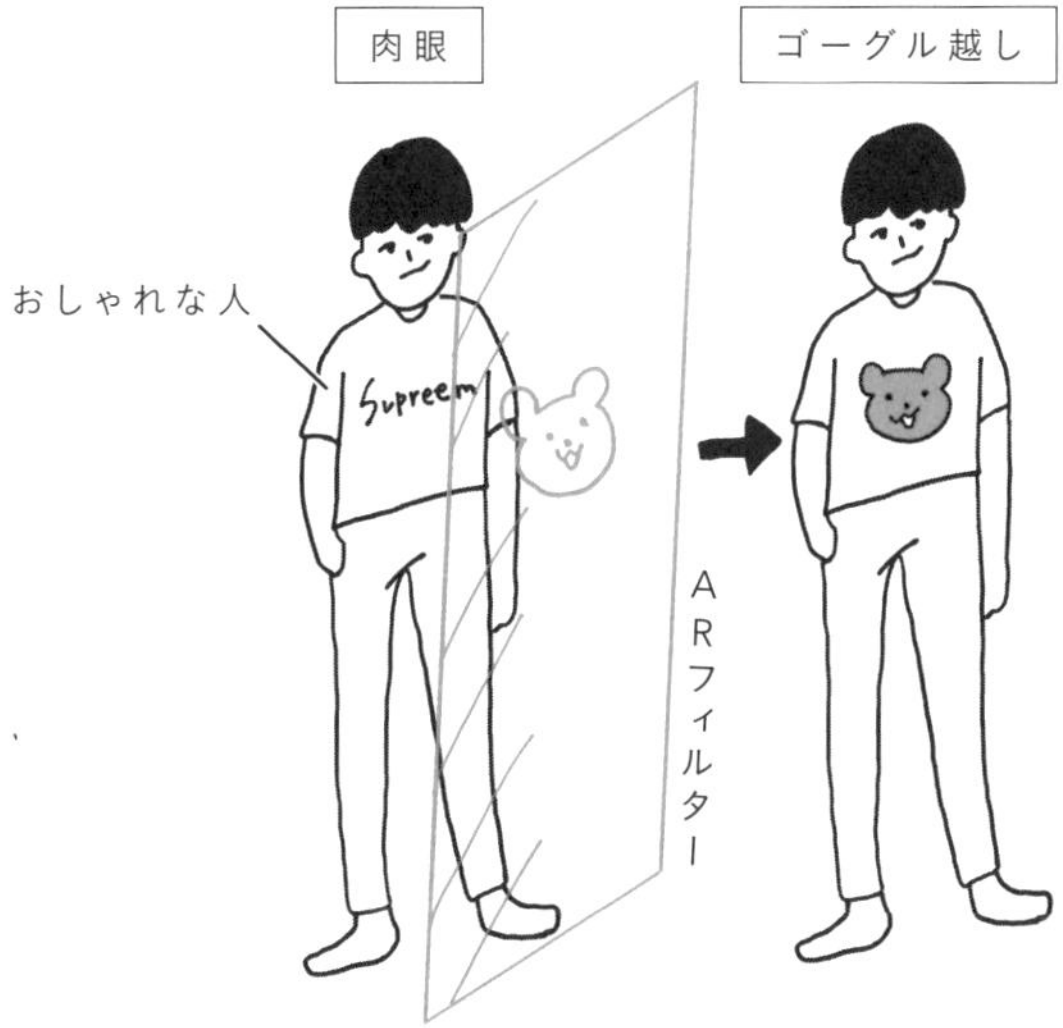

ARゴーグル越しに見ると、
おしゃれな人のおしゃれな服がダサくなる。

感情

63

「嫉妬」から考える

わたしは「怒り」と同じく、「嫉妬」からもよくアイディアを考える。

たとえばスタバでは、カップに「Thank you!」だとか、「勉強がんばってくださいね」だとか、店員さんがそのときの気分でお客さんをちょっと幸せにする一言を書いてくれることがあるらしい。わたしはけっこう頻繁《ひんぱん》にスタバに行くものの、いつも渡されるのは真っ白なカップだ。

なので、この話は都市伝説かと思っていたのだが、周りの人に話したら、みんな、メッセージを受け取った経験があると当たり前のように言っていた。

この前は、わたしの両隣の人のカップに「Thank you!」の文字とうさぎの絵が書いてあった。急いで自分のカップを見たら、やはりなにも書いていなかった。心の中でハンカチを噛む。

嫉妬のようなネガティブな感情は、ふだん人には見せないし、自分でも抑えようとしてしまうものだ。

そのため、日々の生活の中で「嫉妬」という感情をはっきりと感じる機会はあまりないかもしれない。

とはいえ、そんなネガティブな感情も自分の一部だ。あまり積極的に「嫉妬を感じよう！」などとは思わなくてもいいが、ふと自身の嫉妬心に気づいたときは、そこから思考を広げてみると、新しい視点から考えることができる。

また、これも「怒り」からのアイディアと同様、誰かに対して攻撃的になるようなアイディアになる可能性をはらんでいる。

そこで、わたしが嫉妬の感情からアイディアを考えるときに気をつけていることは、嫉妬の対象も笑ってくれそうかどうか、だ。「これは絶対に怒りそうだな……」というアイディアは頭の中で考えるだけにしてアウトプットしないようにしている。怒られたくないからだ。

考えてみる

嫉妬した経験を思い出し、その気持ちを解消できそうなアイディアを考えてみよう。

たとえば「自分のスタバのカップにだけ何も書かれていない」というシチュエーションからアイディアを考えるとどうなるか。

スタバのカップをセットしてレバーを押すと、あたかも店員さんが書いてくれたかのように文字がスタンプされるマシーンがあったなら、自分でいくらでもスタバのメッセージを再現できる。これで、嫉妬心は収まるはずだ。

スタバのメッセージを入れられるマシーン

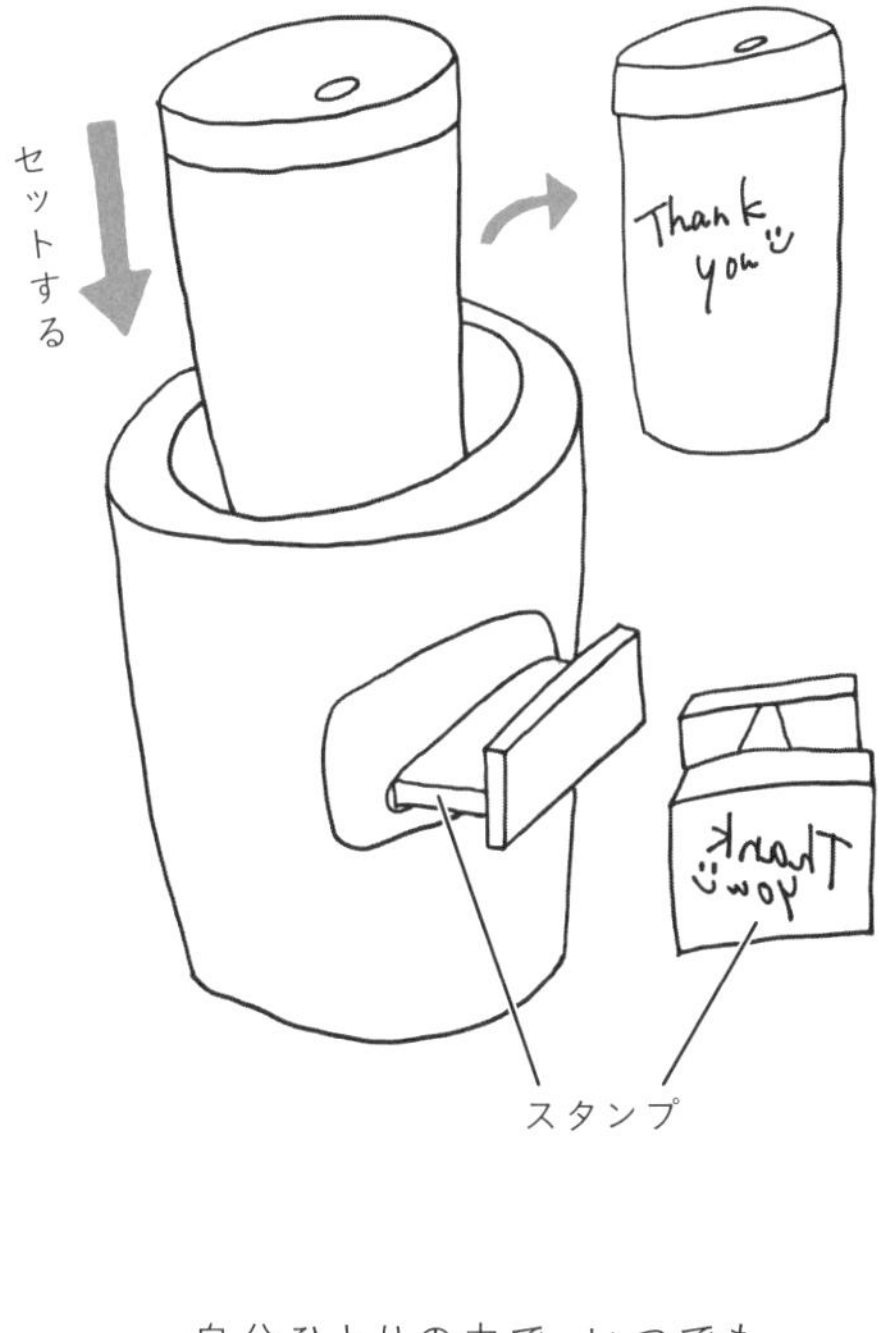

自分ひとりの力で、いつでも
スタバの店員さんから
メッセージをもらったふりをできる。

感情

64

「楽しい感情」に注目する

ネガティブな感情の話を書きすぎた。しかし、ネガティブな感情はアイディアにしやすいのだ。逆に、ポジティブな感情はアイディアに変化させるのが難しい。これは、わたしの性格もあるかもしれないが、一般的にそうだと信じたい。

では、「楽しい」とか「うれしい」といったポジティブな感情は、どのようにアイディアにしていけばいいのだろうか。

うれしかったこととか快感を得たこととかを思い出すと、「もう一回、あの気持ちよさを感じたい……」といった欲求が出てくる。

たとえば、「自分のことをほめちぎられたときの誇らしさ」とか、「梱包《こんぽう》に使うプチプチを手でつぶすあの快感」「猫をなでている幸福感」などなど。こういった快感は、いつでも好きなときに感じられるとうれしい。

そんな欲求から、プチプチについては「無限プチプチ」という、あの感触がずっと楽しめるおもちゃが生まれて大ヒットしたし、「Qoobo」という、猫のような手触りのしっぽ付きのクッション（なでるとしっぽを振る）もヒットした。

ポジティブな感情は、そこにある欲求をつかまえることでアイディアにできる。楽しいことやうれしいことは、「どう持続させていくか」「どう他の人に体感させるか」「いつでも体感できるようにするにはどうすればいいか」を中心に考えていくと、想像が広がっていく。

考えてみる

最近感じた「楽しかったこと」を思い出し、
それをどうやったら持続できるか、アイディアを考えてみよう。

わたしは手放しでほめられるのが大好きなので、「お世辞を言ってくれる白雪姫の魔法の鏡」をつくった。

童話の「白雪姫」では、魔女が使う魔法の鏡はいつも魔女のことをほめているけれど、ある日突然「白雪姫のほうがきれいですよ」と真実を言ってしまう。それを聞いた魔女は、白雪姫を殺そうとしてしまう。気の利かない鏡だ。お世辞というものを知らないのか。

そこでわたしがつくった魔法の鏡は、「藤原さんは、本物だね」「みんな藤原さんのことすごいって言ってるよ」「あれ？　佐々木希さんですよね？」などと、手放しでほめ続けてくれるもので、とても気持ちがいい。

○　○　○

自分の中にある感情を起点にすることで、とても自分らしいアイディアを考えることができる。

わたしは「無駄づくり」の中で、日々のさまざまな感情からアイディアを考え、マシーンをつくってきた。つねに感情を言語化して、ネガティブな感情すらもアイディアに変えられるようになれば、嫌なできごとも怖くなくなる。感情からアイディアを考えることは、自分を救うことにもつながるのだ。

お世辞しか言わない魔法の鏡

「白雪姫」の鏡とちがって、
つねに手放しでほめてくれる。

感情

Chapter

8

「考え方」を考える

思考モードに入る術

考える術

65

「考え方」を考える

きっと誰もが、なるべく短時間でいいアイディアをひらめきたいと思っているだろう。

これまでアイディアを考えてきた時間を思い返してみると、考えはじめてから数分でいいアイディアにたどりつけることもあれば、何日経っても思いつかなかった経験もある。

エクセルに数字を入力するとか、定型文書の作成といった作業は、ある程度かかる時間が予想できるけれど、アイディアは、いつどこで思いつくか誰にもわからない。それがとても苦しく感じたりする。

では、効率がいい考え方とはなんだろうか。また、日ごろからアイディアを思いつきやすい頭にするには、どのようなことに気をつければいいのだろうか。

アイディアを考えるにあたって、時間や場所や向き合い方というのはとても大切である。

「自分はこの考え方だとアイディアを出しやすい」

「この場所だとアイディアを出せる」

というものを自分なりに見つけられたなら、アイディアを考える際の強い味方になる。

いざ、何か考えなくてはいけないときは、そんな方法や環境を使うことで、考えるモードに入ることができる。

この章では、わたしが実践している「考える習慣」についてまとめていきたい。

66

「短時間」で考える

アイディアの出し方で参考になるのが「大喜利」だ。

テレビで落語家やお笑い芸人がやっているのを見たことがある人も多いと思う。

「こんな先生は嫌だ」というお題が出たとして、回答者は「夏休み明け、金髪になっている」「いつも教科書を忘れる」などと、とんちやボケで答えを出していく。

1つのお題には10分とか15分くらいしか時間をさかない場合が多い。回答者たちは短い時間の中で頭をフル回転させて次々にいろんな答えを出していく。

1つのお題について、もっとじっくり考える時間があったらもっとおもしろくなる、ということはおそらくない。

大喜利を見ていると、人間のアイディアの出し方には段階があるのがよくわかる。

最初は、誰にでも思いつくようなことが出てくる。それでも次々と答えていくと、その人にしか出せないようなユニークな回答になる。しかし、さらに続けていると、やがて答えはどんどん伝わりにくいことに変化していく。

同じお題で考え続けていると、発想が1周も2周もしていって、何がおもしろいのかよくわからないような答えになっていってしまうのだ。

つまり、大喜利から学べることは2つある。

1つは、とにかくたくさんのアウトプットをすること。もう1つは、いつまでもダラダラと考えずに、時間を区切って短時間で終わらせること。

一人で考えるときも複数人で集まって考えるときも、終わりの時間を設定していなければ、必ず間延びしてしまう。大喜利と一緒で、考えが何周もして、しっくりくるアイディアが遠のいていく。

ユーチューブチャンネルのタイトルを考えたときも、「無駄づくり」という案はとうに出ていたのに、ダラダラ考えていたら2周も3周もして、「藤原麻里菜のワクワクチャンネル」という案に落ち着きそうになった。

アイディアを考えるときは30分から1時間程度の時間を設定し、その時間内に思い浮かんだものをアウトプットして吟味《ぎんみ》しよう。

時間が過ぎたらいったんやめにして、後日また頭を切り替えて、考える。これがいちばん効率的にアイディアを出せる方法だ。

考え方

67

ぼーっと考える

アイディアは短時間で考える。しかし、それ以外の時間も、考えていないようで考えているように生活していきたい。

生活の中で、暇なときはたくさんある。通勤中とか、興味のない話を聞かされているときとか、人を待っているときとか。

そんなときも考えるべきテーマをつねに頭の片隅に置いておくことで、思考を広げることができる。

「三年寝太郎」という昔話がある。ある村がたいへんな干ばつに悩んでいたときに、寝るのが好きな寝太郎はなんと三年も寝続けた。村人は、「まじであいつやべえよ」と怒り、寝太郎を殺害しようとまで企てた。

そんな折に、タイミングよく寝太郎はひょっこり起き、山へ向かい、巨大な岩をぼこーんと山から落とし、水の流れをつくって村を干ばつから救った。寝太郎は寝ているように見せかけて、ずっと村のことを考えていたのだ……というお話だ。

昔話にツッコミを入れるのは無粋だけれど、わたしは、寝太郎はただ寝ていただけだと思う。

難しい問題にぶつかったときに、ふて寝してしまい、しかし起きたら道が見えてきた。そんな経験はないだろうか。実際、人の脳は寝ているとき、ただ休んでいるだけでなく、記憶や情報の整理などメンテナンス的な活動をしているという。

寝太郎は、「村の干ばつ」という課題を頭の片隅に置いて眠ったことで、不安や混乱のない精神状態になったうえ、問題が整理されて解決策までひらめいた。そして三年も寝てぼんやりしていたからこそ、岩を落とすという思い切った行動もぼんやりしたままできてしまったのだ。

……と、わたしは解釈している。

さすがに三年も寝ることはできないけれど、考えるとは、何も机に向かうだけじゃない。ぼーっとしているときも、脳は考えていないようで考えている。

なので、机に向かっていてアイディアが出ないときは、思い切って布団に入ってみたり、煮込み料理をし始めるなど、無心でできる何かに切り替えることも大切である。しかし、考えるべきことを完全に忘れてしまったら、ただ本当にぼーっとしているだけになってしまう。日々の生活のぼーっとする瞬間にも、考えるテーマを頭のどこかに置いておかなくてはいけない。とくに新しくもない方法だけれど、考えるべきことをメモに書いて持っておいたり、紙に書いて目の届くところに置いておくなどの工夫はしたほうがいい。

そしてこれが大事なのだが、わたしはめちゃくちゃ面倒な考えごとでも、目を背けずに、毎日ある程度の時間はじっと向き合う、ということを自分に課している。

頭をそのことでいっぱいにして考えを尽くした先の「ぼーっとしたとき」にこそ、いいアイディアがふっと浮かぶのだ。

68

「邪念」に負けまくる

考えごとをしなきゃいけないときに限って、まったく関係のないことが気になってしまう。昨日見たドラマの続きとか、友だちからのＬＩＮＥの返信とか。

あと、気がついたら、スマホを触っているときもある。スマホの電源をオフにしてカバンの奥に入れたり、引き出しにしまったりと集中する工夫をしても、気がつけば、なぜかスマホを手にツイッターをやっているから、人間は怖い。

アイディアを考えるときに「どう集中するか」というのは、なかなか難しい問題だ。

集中力を高める方法などは、ちゃんとした人たちがちゃんと本にまとめているので、ここでは「邪念に負けまくる」ことのメリットを書きたい。

前項で、テーマを無意識に持った状態で生活をしていると、ひらめきが生まれやすいと書いたが、アイディアを考えようとしているのに邪念に負けて他のことをしちゃっているときは、この状態の中にいる。

「考えるぞ！」と奮起したはずが、気がつくとスマホをいじったり余計なことを考えたりしてしまっているとき、罪悪感も手伝って、もともとの考えるべきテーマも頭の片隅に浮かんでいると思うのだ。いくらソシャゲに夢中になっていたとしても、ふと「あれ考えなきゃ……」とプレッシャーを感じるようなとき、それもアイディアを考えている状態といえる。

いや、ちゃんと集中して考えているときと比べると、しっかりとしたアイディアが思いつく保証はない。ただ、いったん問題から離れることで、しっかりとしてはいなくても、全然違ったアプローチが思い浮かぶことはよくある。

ソシャゲからアイディアのきっかけがつかめる可能性もなきにしもあらず、である。

なので、無理に考えることに集中しなくてもいい。思うままに調べ物をしたり、ゲームをしたり、動画を見たり。そんなふうに過ごすことで、集中していたときとは違った視点でのアイディアが浮かぶ可能性が出てくる。また、だらだらしたいときの自分への言い訳にも使える。

69

「だらだら」と「ちゃんと」を交互にする

「邪念に負けてだらだらするのはすばらしい」というだけでは説得力が弱そうなので、もうちょっとアイディアに役立たせるための方法を紹介する。

アイディアを考えるためには、情報をインプットする時間も大切である。というのは、多くの人がわかっていることだと思う。

「インプット」というと、本を読んだり映画を見たりするイメージだろうか。

それももちろん大切なのだが、アイディアを考えているときに効果的なものはスマホだ。

SNSやユーチューブ、芸能ニュースなど、スマホの中では、短くて簡潔な情報が毎秒更新されている。本や映画が1つのテーマを2、3時間かけて知るツールだとしたら、ソーシャルメディアは浅い情報を数秒で認知することに長けているツールだ。

そして、後者のほうがフラッシュカードのような役割を担ってくれるので、アイディアを考える際のインプットには役に立つ。

わたしは、机に向かってアイディアを考えるとき、まずはスマホをだらだら見ることにしている。非生産的に見えるかもしれないが、こういった非生産的な行為こそが考えることにつながる。

たとえば「オンライン飲み会脱出ボタン」という機械は、そうやってツイッターをだらだら見ていたときに「オンライン飲み会ってだらだら続いちゃってやめどきがわからない」という愚痴にぶつかったことで思いついた。自分でもうすうす感じていたことだったので、これがヒントになったのだ。

パンチングマシーンを殴ると謝罪メールが送れる「謝罪メールパンチングマシーン」をつくったときは、サンドバッグを高速で打っている動画をユーチューブで見てひらめいた。

ネットをだらだらと見ることで、思考が刺激されたり、意識していなかった課題に気づくことができるのだ。

とはいっても、ただだらだらとスマホを見ているだけでは、アイディアは浮かびにくい。

わたしは怠け者なので、「これもアイディアを考えるための大切な仕事だから……」と言い訳をして1時間くらいだらだらスマホを見て、最終的に何もアイディアが思いつかずに寝る、なんてこともよくあった。

なので、いまは効率的に考えるために、「30分スマホをだらだら見たら、その後30分は紙に向かって考える」というふうに、時間を分けてアイディアを考えるようにしている。

紙に向かって考えるときは、さっき気になった投稿や、なんとなく頭に残っているトピックを紙に書き出して、そこから考えはじめると思考を展開していきやすい。

時間を決めて非生産的な行為をすることで、アイディアが効率的に生まれやすい環境をつくることができるのだ。

考え方

考える術

70

アイディアを「一覧」にする

人というのは忘れてしまう生き物で、わたしはその中でもとくに忘れっぽいため、思いついたアイディアを一覧にしてストックするようにしている。

「無駄づくり」をやっているわたしだが、このあたりはしっかりと効率化できるようにウェブソフトを使って表にし、1つのページでいつでもパッと確認できるようにしている。

これによって、新しいアイディアに困ったときに過去の自分を頼りにすることができるのだ。

そこで大切なのが、タグ分けである。アイディアのタイトルの横に「実現したい気持ち度合い」のタグを追加している。

「やる」「うーん」「やっぱやらない」の3つのうち、アイディアに対して、どれだけ

「実現したい気持ち度合い」で整理する

Name	Progress
タコ刺りシュレッダー	やる
VRお金ばらまき	うーん
デコトラルンバ	やる
リモコン呼び笛	やっぱやらない
説教マシーン	やった

の興奮具合を持っているかをタグ付けして分けている。

「これはすごいアイディアだ！」と興奮しているものに対しては「やる」をつけ、「つくってみたら楽しいかもしれないけど、そんなだな……」という微妙なものに対しては、「うーん」をつける。

そして、何回かページを見て、「このアイディアは実現しなくてもいいな」というものは、表から消したりはせずに「やっぱやらない」のタグをつけることにしている。

なぜ消さないのかというと、いつか見返したときに、このアイディアからまた別のアイディアが思い浮かぶかもしれないからだ。

つまらないアイディアでも、何かの役に立つ可能性はゼロではない。

そして、アイディアを実現するにあたっての具体的な方法や障害、考えなきゃいけないことも同じようにまとめている。「無駄づくり」の場合は、設計図も添付している場合が多い。

なるべく未来の自分がスムーズにアイディアを活用できるように、「過去の自分、ちゃんとしてんじゃん」とほめられるように生きていきたい。

それに、アイディアを実現するための方法を考えたり、設計図を書いていると、その過程でアイディアの根本の間違いに気づいたり、別のアイディアが思い浮かんだりすることがあるという効果もある。

71

つねに「いろんな見方」をする

おもしろいアイディアを思いつくには、同じものを見ても、どれだけ人と違った感じ方ができるかが大切だ。

日ごろから、目に映るものからいろいろなことを考える癖をつけていきたい。

散歩をしていて、目の前につぶれた缶が落ちていたとする。どうでもいい光景だけれど、たくさんの想像ができる。

たとえば、似たかたちを探してみたらどうだろうか。わたしは前につぶれた缶を見たとき、丸い付箋《ふせん》の束のように見えた。つぶれた缶形の付箋があったらどうだろう。誰もいらないか。でも、わたしはちょっとほしい。

嘘のバックグラウンドを想像することもできる。

その缶は、誰かがポイ捨てしたものをトラックか何かがつぶしたのかもしれない。

でも、そんなありがちな推測から離れて、他の可能性を考えてみるのだ。

もしかしたら、缶を持った人が地面にめりこんでいって、でも缶だけはめりこまなくて、つぶれた状態で残ったのかもしれない。超能力を持っている人がきまぐれにつぶしたのかもしれない。


日ごろからこうして見るもの、聞くものに対して、どんな想像ができるか考えることを習慣にしていきたい。

そのうちに、考えることがどんどん楽しくなってくる。本書でこれまでに紹介してきた、さまざまなものの見方をプラスして生活を送ってみると、きっと、森羅万象にアイディアの可能性を感じることができるはずだ。

考えることについて書くのは少し勇気がいった。「無駄づくり」ということをやっているとおり、わたし自身が非効率のかたまりで、集中力もなければ、合理的に物事を考えるのも苦手だったりする。ボツになったアイディアは山のようにあるし、考えが足りずにズレたアイディアを出してしまうときもあった。考えることに正解はなく、本書に書いてあることたちもまったく正しいことではない、というのを最後の最後に断っておく。

わたしがしている考え方は正しくはないと思いながらも、「無駄づくり」をやっていく中で、ひっそりと、知見というか、コツのようなものがたまってきた。ただ、発想法というほどしっかりとしたものではなく、本書を書くにあたっては、それらをちゃんとカテゴライズし、わかりやすく言葉にするところから始めることにした。

書き進めていくうちに、わたし自身が無意識的に行ってきた思考方法が明確になり、完全に自己満足で恥ずかしいのだが、思考が停滞したときに、ペラペラ読み返して自分で活用できるくらいのものにはなった。

とくに、本書の冒頭で触れたように、「自分の視点を持ち、ユニークなアイディアを考える」という部分においては汎用性《はんようせい》があるのではないかと思う。

アイディアというのは自己表現でもある。まっとうなアイディアを考えることも大切ではあるが、自分だけの視点からアイディアを考える術を身につけることで、人生がちょっとだけ楽しくなる。

誰かから頼まれて考えなくてはならないアイディアも、本書を参考にしてもらえれば、自分の好きなように考えることができるはずだ。また、自分の好きなように考えることが身にしみついてくると、誰からも頼まれていないのにどんどんアイディアが生まれてきて、それが自分の人生を動かしていく。

いいものより悪いもの、完璧よりダメなもの、強いものより弱いもの、丈夫なものよりもろいもの、合理的なものより無駄なもの、簡単なものより面倒なもの、まじめなものよりおもしろいもの……。そんな発想をしながらも、ひっくり返したものをさらにひっくり返したり、脇道に思い切りズレたりしながら考える。

これを繰り返していると、生活のすべて——悲しみも楽しさも、経験するすべてがアイディアのきっかけになってくれる。そして、びっくりするほど変な、だけれども自分自身にはしっくりくるような、そんなアイディアにたどりつくのだ。

考えることは、人生を豊かにする。

何にも縛られずに、いや、縛られていたとしてもその縛られている中で、最大限自由に、そして楽しく、自分の頭を使って考えることを続けていきたい。

藤原麻里菜

2021年1月